EL CORDERO ADMIRABLE

DR. RAÚL FERRERO

EL CORDERO ADMIRABLE
Dr. Raúl Ferrero

+54 9 11 5589-9747
rauljoseferrero@gmail.com
www.semillasalaire.com.ar

ISBN: 978-0-578-48728-1

Corrección y edición:
Elisabet Group, LLC
+1 941-301-6652
Estados Unidos

Diseño de tapa y de interior:
Vit Safarov

Imagenes de la tapa:
Jan van't Hoff, www.gospelimages.com
www.istockphoto.com

Todas las citas bíblicas son tomadas de la versión Reina Valera 1960 a menos que se indique otra versión.

Impreso en Estados Unidos.
Impreso en Argentina.

REV220711

Í N D I C E

EL CORDERO DE DIOS EN UN MUNDO DE FIASCOS Y CONTRADICCIONES

¿Acaso cree usted que Cristo murió de manera fortuita, un día casual, débil, sin poder evitarlo, en un lugar imprevisto? ¡Nada más lejos de la realidad!

¿Sabía que hay grandes verdades para examinar al respecto?

Este libro expone y explica la más asombrosa y significativa de las profecías de la Biblia. Asombrosa por sus impecables cumplimientos, pues aunque sus anuncios abarcan siglos, caen en el centro del lugar elegido por Dios, en el día marcado y en la hora señalada. Y es la mas significativa de las profecías, porque de su contenido depende el destino eterno de cada ser humano, incluyendo el suyo estimado lector, y el mío propio.

Venido el cumplimiento del tiempo Dios envió a su Hijo. En el lugar y la forma profetizada, entre ovejas y pastores muy significativos, nació Jesucristo. Años después, en el día y la hora señalados, en el lugar indicado, murió en la cruz para cargar y quitar nuestros pecados. Él desde antes del pesebre y más allá de la tumba, incluso trascendiendo ese segmento de la historia, es eternalmente **El Cordero Admirable**.

Para el mundo de hoy, la pascua dejó de ser la fiesta de un cordero sacrificado, asado y comido por la familia judía; la han convertido en la fiesta de un huevo de chocolate.

Para algunos el Cordero hoy no es más que un recuerdo religioso, para otros un trocito de pan transformado misteriosamente y celebrado en especial en días en que para ellos, curiosamente, comer carne está prohibido.

No obstante, Dios de manera magistral ha introducido su Cordero al escenario de este mundo de fiascos y contradicciones, en el marco de los más contundentes y asombrosos cumplimientos proféticos para beneficio de multitudes y para su propia *gloria eterna*.

¿NO ARDÍA NUESTRO CORAZÓN?

Aquel forastero parecía ser el único que no conocía lo que había sucedido en Jerusalén. Lucía como el menos indicado para entender la angustia y la decepción de aquellos dos hombres que iban a Emaús al caer la tarde de aquel domingo; sin embargo aquel varón comenzó a exponerles las Escrituras como nunca las habían oído y se produjo el milagro (Lucas 24:13-35).

El Señor Jesús les abrió el entendimiento por medio de una exposición sencilla y convincente de las Escrituras, recordándoles todo lo que de él decían Moisés, los profetas y los salmos. Había sido necesario que el Cristo padeciera y entrara en su gloria.

El desenvolvimiento y el cumplimiento de las profecías del *Cordero de Dios* tienen el poder de convencer a los más exigentes intelectos, a fin de que obedezcan a la fe (Hechos 6:7), tienen la capacidad de llenar de fuego y gozo espiritual a los más alicaídos discípulos (Lucas 24:13-35) y poseen la virtud de renovar las fuerzas de los más desgastados y cansados siervos del Señor, de modo que levanten alas como las águilas (Isaías 40:31).

Este es el enfoque y propósito de este libro, en primera instancia exponer las Escrituras para que usted llegue a conocer al Cordero y asegure su salvación para siempre. Y finalmente, nuestro mayor anhelo va mas allá todavía, y es que el desarrollo de estos estudios bíblicos haga arder su corazón de fervor espiritual y le llene de reverencia hacia **El Cordero Admirable**.

CAPÍTULO 1

EN EGIPTO, AQUEL IMPREVISTO CORDERO DE LIBERTAD

Hacía cuatrocientos treinta años que los hijos de Israel habitaban en Egipto (Éxodo 12:40). Los primeros tiempos habían sido buenos, a causa de José y aquel benevolente Faraón que los amparó. Pero después de ellos surgieron otros gobernantes en Egipto que oprimieron a los judíos y amargaron sus vidas con dura servidumbre, obligándoles con rigor a tareas agobiantes y desgastantes. Ya Jehová se lo había anticipado a Abraham diciéndole:

> «Ten por cierto que tu descendencia morará en tierra ajena, y será esclava allí, y será oprimida cuatrocientos años» (Génesis 15:13).

Pero venido el cumplimiento del tiempo, Dios envió a Aarón y a Moisés delante del Faraón para pedirle que dejase libres a los israelitas, mas en su orgullo y soberbia aquel Faraón se resistió; entonces, poco a poco Dios fue juzgando su altivez y devastando a

Egipto con plagas terribles que demostraban que él era el único Dios verdadero. A todo esto, el Faraón se fue endureciendo más y más contra Dios y contra su pueblo, y agravó la servidumbre y el maltrato sobre ellos al punto tal, que el sueño de salir a la libertad se había tornado en una pesadilla, casi en un imposible. Pero llegó el día en que Dios resolvió trazar la raya y proceder como ningún mortal lo había imaginado.

Dios, el Dios de Israel

Desde el principio Dios se manifestó a Abraham como *El Shadai*, el Dios Omnipotente y Todopoderoso (Génesis 17:1); y desde entonces fue el Dios de los patriarcas. Su nieto Jacob, a quien el ángel de Jehová le había puesto por nuevo nombre *Israel*, de regreso en la tierra prometida, levantó un altar y lo identificó como:

«Dios, el Dios de Israel» (Génesis 33:20).

Y a los pocos días, Dios se le manifestó a él nuevamente para confirmar con él y con su descendencia su pacto y sus promesas:

«Apareció otra vez Dios a Jacob, cuando había vuelto de Padan-aram, y le bendijo. Y le dijo Dios: tu nombre es Jacob; no se llamará más tu nombre Jacob, sino Israel será tu nombre; y llamó su nombre Israel. También le dijo Dios: Yo soy el Dios omnipotente *[El Shadai]*: crece y multi-plícate; una nación y conjunto de naciones proce-derán de ti, y reyes saldrán de tus lomos. La tierra que he dado a Abraham y a Isaac, la daré a ti,

y a tu descendencia después de ti daré la tierra»
(Génesis 35:9-12).

Desde entonces ese patriarca se aferró a Dios para toda su vida, de manera que aún en sus últimos días, justo antes de morir en Egipto, Israel reconocía al Dios vivo y verdadero como *la Roca de Israel* y *el Dios Omnipotente [El Shadai]*, (Génesis 49:24-25). Y aunque después pasaron cuatrocientos años sobre sus descendientes en Egipto, varias generaciones, y pese a que vivían impregnados y rodeados de mitología egipcia, el Dios de Israel, fiel a sus promesas, jamás les soltó la mano.

Fue así que en los primeros capítulos del libro de Éxodo, se nos relata que Dios fue a buscar a Moisés y le encomendó la gran tarea de confrontar a Faraón para que dejase salir a su pueblo de Egipto, y para que liderase su pueblo saliendo hacia la libertad y la tierra prometida.

Yo no conozco a Jehová dijo aquel poderoso, opulento y soberbio Faraón, y era cierto lo que decía, por eso en principio, el único Dios verdadero le dio tiempo y señales para que lo pudiese conocer y para que voluntariamente dejase ir a los hijos de Israel, aquellos que Dios había adoptado como pueblo y que había adoptado como hijo propio, aquel pueblo al que Dios le adjudicó el nombre del patriarca, nombre que a su tiempo Dios mismo había designado, diciendo:

«Y dirás a Faraón: Jehová ha dicho así: Israel es mi hijo, mi primogénito. Ya te he dicho que dejes ir a mi hijo, para que me sirva, mas no has querido dejarlo ir; he aquí voy a matar a tu hijo, tu primogénito» (Éxodo 4:22-23).

Entre tantas aberraciones, los egipcios creían que el río Nilo era un dios, que el sol era un dios y que el faraón y su hijo eran dioses. Pensaban que el Nilo era un dios, pues les daba aguas para beber y para riego, les daba peces y era el gran canal para las comunicaciones. Por eso Dios, el Dios de Israel, lo primero que hizo por entonces para darse a conocer fue convertir sus aguas en sangre por la vara de Moisés, hasta la muerte de sus peces y la pudrición de sus aguas; mostrando luego su poder para restaurarlo. Los egipcios pensaban que el sol era un dios porque les daba luz, vida y energía, y que viajaba en su barca solar para cumplir el ciclo del día; por eso Dios les trajo espesa oscuridad sobre sus casas por tres días, en tanto que había luz en las casas de los judíos. Y a causa de que Faraón y su hijo se creían dioses, el Dios de Israel les marcó un trágico fin si no se arrepentían y si no dejaban marchar en libertad a su hijo, el pueblo de Israel.

Faraón endureció su corazón, y se reveló públicamente que su corazón fue hallado pesado, lo quebró el peso de la insensatez de haber resistido al Dios vivo y verdadero y la carga de haber dañado a su propio pueblo egipcio con tanta obstinación.

Este será el primero en los meses del año

Dios siempre habla y entra en acción al tiempo acertado, aunque muy pocas veces nosotros lo podamos prever. Aquel día, luego de las devastadoras nueve plagas sobre Egipto y sobre el Faraón que no había querido reconocerlo, Dios convocó a Moisés y a Aarón y les comunicó que allí comenzaría para ellos no sólo una nueva expectativa, sino una nueva realidad, un nuevo calendario que nunca pasaría, nunca se olvidaría.

> «Habló Jehová a Moisés y a Aarón en la tierra de Egipto, diciendo: Este mes os será principio de los meses; para vosotros será este el primero en los meses del año» (Éxodo 12:1-2).

En ese día comenzaba a avanzar, por iniciativa de Dios, el mes de *Aviv* (Éxodo 13:4), que siglos después llegaría a llamarse *Nisán*, el cual coincide aproximadamente con nuestro tiempo de marzo y abril del calendario gregoriano. Ese sería el primero de los meses del nuevo año judío, del calendario festivo, del calendario de Dios. El Dios vivo y verdadero iba a arrancar al pueblo de Israel no solo de las aberrantes creencias egipcias, sino también del calendario de Egipto. A partir de aquel día y sobre su nuevo cronograma, Dios iba a escribir el esbozo de sus planes, a corto y a largo plazo.

Tómese cada uno un cordero

Las palabras de Dios rápidamente habían encendido la llama de la esperanza, pero antes de que la lógica humana insinuara una idea para la liberación, antes de que alguien alentase un levantamiento armado, antes de que alguien imaginase una poderosa intervención de ejércitos angelicales, Dios sacó a luz su estrategia y los sorprendió con algo totalmente imprevisto. Es que desde el principio ese conflicto había sido enteramente suyo y lo iba a resolver a su manera. Entonces, sin más dilaciones Dios le dijo a Moisés y Aarón:

«Hablad a toda la congregación de Israel, diciendo: En el diez de este mes tómese cada uno un cordero según las familias de los padres, un cordero por familia. Mas si la familia fuere tan pequeña que no baste para comer el cordero, entonces él y su vecino inmediato a su casa tomarán uno según el número de las personas; conforme al comer de cada hombre, haréis la cuenta sobre el cordero. El animal será sin defecto, macho de un año; lo tomaréis de las ovejas o de las cabras. Y lo guardaréis hasta el día catorce de este mes, y lo inmolará toda la congregación del pueblo de Israel entre las dos tardes. Y tomarán de la sangre, y la pondrán en los dos postes y en el dintel de las casas en que lo han de comer. Y aquella noche comerán la carne asada al fuego, y panes sin levadura; con hierbas amargas lo comerán. Ninguna cosa comeréis de él cruda, ni cocida en agua, sino asada al fuego; su cabeza con sus pies y sus entrañas. Ninguna cosa dejaréis de él hasta la mañana; y lo que quedare hasta la mañana, lo quemaréis en el fuego. Y lo comeréis así: ceñidos vuestros lomos, vuestro calzado en vuestros pies, y vuestro bordón en vuestra mano; y lo comeréis apresuradamente; es la Pascua de Jehová» (Éxodo 12:3-11).

Aquel primer día del nuevo calendario que había comenzado a rodar, Dios les dio a los israelitas instrucciones específicas para proceder a los preparativos de una cena familiar muy especial que tendrían que llevar a cabo a mediados de ese mes. El 10 de *Aviv* debían tomar un cordero y guardarlo aparte para el día 14. Iban a comerlo asado al fuego, dentro de sus casas y en familia; y si la familia fuese pequeña de manera que pudiese llegar a sobrar mucho, debían calcular según el comer de los hombres y se podían juntar con el vecino inmediato. Y sí, de todas maneras, aún sobrase de aquel asado, debían quemar el sobrante al fuego al terminar de cenar.

El animalito, el cordero, debía ser sin defecto, lo cual describe la palabra hebrea *tamím*, es decir, *perfecto*; era requisito de Dios y eso iba a ser muy importante para ellos y para la posteridad. Debían guardar el animal hasta el día 14 y ponerlo aparte, lo cual incluso podría ayudar a observar que el animal fuese sin defecto, sin enfermedad, para confirmar que estuviese en óptimas condiciones. Y el día 14 lo tenían que sacrificar, no por la mañana, tampoco a última hora, sino entre las dos tardes, es decir como a la media tarde.

Es notable observar en la expresión de estos textos que aunque unos doscientos mil animales habrían de ser sacrificados, ya que seiscientos mil eran los hombres (Éxodo 13:37), Dios comenzó a hablar en singular, como si fuese un sólo cordero el que iban a sacrificar. Es más, el texto da toda la sensación de que hubiese sido uno solo y que toda la congregación lo debía inmolar, pues resueltamente dice:

«Lo inmolará toda la congregación del pueblo de Israel entre las dos tardes» (Éxodo 12:6).

Y tanto al sacrificarlo, como así también al asarlo y al comerlo, con sumo cuidado debían asegurarse de no quebrar ninguno de sus huesos (Éxodo 12:46).

Aquella noche entonces debían comer su carne asada al fuego, con panes sin levadura, con hierbas amargas, y en una atmósfera y con una actitud especial en cada casa. No debían estar distendidos o distraídos, no debían estar con ropa suelta de entre casa, ni descalzos o desprevenidos; sino más bien debían estar con los cintos ajustados, con la ropa ceñida, con el calzado bien ajustado en sus pies, y los abuelos con el bordón o bastón en la mano. Y tenían que comer apresuradamente, con la sensación de que enseguida se iban a ir, que no se podían demorar mucho, que se preparaban para salir. Era diseño y propuesta de Dios. No debían salir del ámbito de la casa, debían ajustar su ropa y calzado, debían comer apresuradamente. Era la Pascua de Jehová.

Y veré la sangre y pasaré

Cómodos y seguros iban a poder disfrutar aquella cena especial en familia, pero no todo sería tranquilidad de puertas afuera aquella noche.

«Y tomarán de la sangre, y la pondrán en los dos postes y en el dintel de las casas en que lo han de comer» (Éxodo 12:7).

«Pues yo pasaré aquella noche por la tierra de Egipto, y heriré a todo primogénito en la tierra de Egipto, así de los hombres como de las bestias; y ejecutaré mis juicios en todos los dioses de Egipto. Yo Jehová. Y la sangre os será por señal en las casas donde vosotros estéis; y veré la sangre y pasaré de vosotros, y no habrá en vosotros plaga de mortandad cuando hiera la tierra de Egipto» (Éxodo 12:12-13).

Los judíos en Egipto, aquel primer día del mes, debían tomar los recaudos necesarios y llevar a cabo todo lo que Dios les estaba ordenando para los siguientes días. Aunque les resultase incomprensible, aunque les llenara de interrogantes, Dios lo mandaba y debían hacerlo. Al matar el cordero aquella tarde debían recoger de su sangre en una vasija, y con un hisopo debían manchar con esa sangre el dintel de las puertas de sus casas, y los dos postes de las puertas de entrada. Además, durante la cena debían permanecer en sus casas y no debían salir afuera sino hasta la madrugada. El ángel de Jehová iba a herir casa por casa a aquellos egipcios, iba a matar cada primogénito de ser humano y de animal, pero cuando viese la marca de sangre de cordero en una puerta, no iba a permitir entrar al heridor en esa casa para herir. Dios había comprometido su palabra:

«Y veré la sangre y pasaré de vosotros» (Éxodo 12:13).

Y precisamente, la palabra hebrea *Pesaj*, «pascua» en nuestro castellano, significa *pasar por alto*. La sombra de la mano del juicio llegaría inexorablemente casa por casa, pero pasaría por alto las marcadas con sangre de cordero. El heridor pasaría por los campos, por los pueblos y ciudades; llegaría a las cárceles, a las casas comunes y hasta el mismo palacio del Faraón, para culminar los grandes juicios de Dios sobre los dioses de Egipto con la muerte de su primogénito. Ese rey se había envanecido y enceguecido al punto de creer ser un dios que podía resistir aun al mismo Jehová, y al punto de creer que su primogénito era hijo de dioses y heredero del trono. Sería el gran impacto final de aquella noche, el fuerte detonante para pedirles que se marchasen, el gran mensaje para aquellos miles y más allá, para tantos millones:

> «Y veré la sangre y pasaré de vosotros» (Éxodo 12:13).

Entonces el pueblo se inclinó y adoró

Moisés convocó a todos los ancianos de Israel y les dijo detalladamente todo lo que las familias debían hacer (Éxodo 12:21-23). Dios estaba comprometiendo su palabra al decir:

> «Porque en este mismo día saqué vuestras huestes de la tierra de Egipto» (Éxodo 12:17).

Y más todavía, Moisés se había apropiado de la promesa de Dios al decirle a los ancianos de Israel:

> «Y cuando entréis en la tierra que Jehová os dará, como prometió, guardaréis este rito» (Éxodo 12:25).

Dios les estaba diciendo que en aquella madrugada del 15 de *Aviv* los sacaría desde Egipto hacia la tierra prometida. Eran palabras claras, eran consignas firmes, eran determinaciones seguras.

«Entonces el pueblo se inclinó y adoró» (Éxodo 12:27).

Esto es algo notable y para destacar, aquellos judíos de aquella generación, le creyeron a Dios, y por anticipado se inclinaron y le adoraron.

Fueron e hicieron puntualmente así

Aunque el texto bíblico no lo dice, creo que este fue el tema de conversación de aquellas dos semanas por todo el territorio egipcio. Todos los judíos llegaron a estar informados al respecto, y todos los egipcios también. Para los judíos se avivaba la llama de la esperanza, se acrecentaba la expectativa. Sobre los egipcios, cada vez presionaba más el escozor de un oscuro presagio inevitable. Finalmente:

«Los hijos de Israel fueron e hicieron puntualmente así, como Jehová había mandado a Moisés y a Aarón» (Éxodo 12:28).

«Así lo hicieron todos los hijos de Israel; como mandó Jehová a Moisés y a Aarón, así lo hicieron» (Éxodo 12:50).

Moisés, Aarón y aquellos 600.000 hombres le creyeron a Dios.

«Por la fe celebró la pascua y la aspersión de la sangre, para que el que destruía a los primogénitos no los tocase a ellos» (Hebreos 11:28).

«Y aconteció que a la medianoche Jehová hirió a todo primogénito en la tierra de Egipto, desde el primogénito del Faraón que se sentaba sobre su trono hasta el primogénito del cautivo que estaba en la cárcel, y todo primogénito de los animales. Y se levantó aquella noche Faraón, él y todos sus siervos, y todos los egipcios; y hubo un gran clamor en Egipto, porque no había casa donde no hubiese un muerto» (Éxodo 12:29-30).

Aquella noche en Egipto, noche de oscuridad y terror para los egipcios, al mismo tiempo fue una noche de tranquilidad y liberación para el pueblo de Dios. Aquella misma madrugada Jehová sacó a Israel de la tierra de Egipto (Éxodo 12:41, 51).

Amparados bajo aquel madero manchado de sangre a la entrada de sus hogares, las familias judías tuvieron paz, protección, provisión, e hicieron los preparativos para marcharse precipitadamente rumbo a la libertad. Dios establecía entonces su pueblo antiguo (Isaías 44:7), nacía la nación de Israel.

Más Dios, lejos de saberlo ellos, además de liberar a su pueblo Israel de la tierra de Egipto, comenzaba a construir un cuadro profético extraordinario. Sobre las huellas y las marcas de lo sucedido en Egipto, Dios iba a instituir la fiesta de la pascua, un ejercicio de la memoria que todo judío necesitaría; pero también, un esquema sobre el cual Dios montaría el escenario para otro Cordero, uno que él ya tenía preparado, porque todo mortal lo necesitaba.

CAPÍTULO 2

LA PASCUA: FIESTA SOLEMNE PARA JEHOVÁ

Desde aquel primer día en que Dios habló a Moisés y a Aarón para marcarles un nuevo calendario, prolijamente entrelazadas a las imprevistas y extrañas instrucciones para sacrificar un cordero en Egipto, Dios fue declarando la forma y los detalles de cómo lo deberían recordar año tras año. En aquel momento, el primero de *Aviv* de Éxodo 12, la explicación de cómo lo tendrían que recordar a futuro, les debe haber animado a creer que Dios estaba hablando en serio.

Ahora bien, una vez que ya hubo sucedido, fue necesario que los judíos hicieran memoria, que vez tras vez recordasen quienes eran ellos, de dónde Jehová Dios los había sacado, y cómo Dios había procedido. Dios se había propuesto de antemano establecer con precisión cada detalle de la fiesta de pascuas, y así lo iba a llevar a cabo.

Y este día os será en memoria

En aquel entonces Dios dijo a Moisés y Aarón:

«Y este día os será en memoria, y lo celebraréis como fiesta solemne para Jehová durante vuestras generaciones; por estatuto perpetuo lo celebraréis. Siete días comeréis panes sin levadura; y así el primer día haréis que no haya levadura en vuestras casas; porque cualquiera que comiere leudado desde el primer día hasta el séptimo, será cortado de Israel. El primer día habrá santa convocación, y asimismo en el séptimo día tendréis una santa convocación; ninguna obra se hará en ellos, excepto solamente que preparéis lo que cada cual haya de comer. Y guardaréis la fiesta de los panes sin levadura, porque en este mismo día saqué vuestras huestes de la tierra de Egipto; por tanto, guardaréis este mandamiento en vuestras generaciones por costumbre perpetua. En el mes primero comeréis los panes sin levadura, desde el día catorce del mes por la tarde hasta el veintiuno del mes por la tarde. Por siete días no se hallará levadura en vuestras casas; porque cualquiera que comiere leudado, así extranjero como natural del país, será cortado de la congregación de Israel. Ninguna cosa leudada comeréis; en todas vuestras habitaciones comeréis panes sin levadura» (Éxodo 12:14-20).

Y después agregó:

«Esta es la ordenanza de la pascua; ningún extraño comerá de ella. Mas todo siervo humano comprado por dinero comerá de ella, después que lo hubieres circuncidado. El extranjero y el jornalero no comerán de ella. Se comerá en una casa, y no llevarás de aquella carne fuera de ella, ni quebraréis hueso suyo. Toda la congregación de Israel lo hará. Mas si algún extranjero morare contigo, y quisiere celebrar la pascua para Jehová, séale circuncidado todo varón, y entonces la celebrará, y será como uno de vuestra nación; pero ningún incircunciso comerá de ella. La misma ley será para el natural, y para el extranjero que habitare entre vosotros» (Éxodo 12:43-49).

En resumen, tanto en forma directa como así también a través de su siervo Moisés, Jehová estableció bien en claro que:

- Cada año, el 10 de *Aviv*, debían apartar un cordero por familia.

- El cordero debía ser sin defecto, perfecto.

- Cinco días de observación servirían para confirmar su óptimo estado.

- El día 14 lo debían sacrificar a la media tarde.

- Esa noche lo debían comer en familia en una casa.

- El día 15 sería reposo solemne, cualquiera fuese el día de semana que eventualmente cada año cayera.

- Por siete días, a partir del 15, debían comer panes sin levadura y no debía haber nada de levadura en sus casas desde el atardecer del día 14, lo cual es el comienzo del día 15, hasta el atardecer del día 21.

Si alguien comiese algo leudado en esos días sería cortado de la casa de Israel.

- El día 21 sería reposo solemne otra vez.

- Y a partir del día 22 continuarían sus vidas comunes y habituales.

Entonces, desde aquel tiempo los judíos debían celebrar la fiesta solemne de la pascua cada año en memoria de lo sucedido en Egipto, pero en el marco de las fechas exactas, incluyendo los requisitos para los días previos como así también para los posteriores (Levítico 23:4-8).

¿Qué es este rito vuestro?

Entre varios propósitos que Dios delineaba al establecer esta fiesta, el ritual procuraba fines pedagógicos, y no sólo esperando que un niño espontáneamente preguntase sino generando a propósito en el hogar un espacio para enseñar. Al respecto Moisés dijo:

«Guardaréis esto por estatuto para vosotros y para vuestros hijos para siempre. Y cuando entréis en la tierra que Jehová os dará, como prometió, guardaréis este rito. Y cuando os dijeren vuestros hijos: ¿Qué es este rito vuestro?, vosotros responderéis: Es la víctima de la pascua de Jehová, el cual pasó por encima de las casas de los hijos de Israel en Egipto, cuando hirió a los egipcios, y libró nuestras casas. Entonces el pueblo se inclinó y adoró» (Éxodo 12:24-27).

Entonces, por mandato y estrategia de Dios, ante la pregunta del niño vendrían las explicaciones: el cordero sacrificado y asado no podía faltar, era el punto central de la recordación. Era la víctima de la pascua de Jehová, quien pasó por encima de las casas de los hijos de Israel en Egipto cuando hirió a los egipcios y libró las casas de los israelitas.

Las hierbas amargas creemos que eran figura de las presiones, angustias y amarguras que sufrieron los israelitas en aquellos días previos a salir de Egipto. No se menciona requisito en cuanto a la sangre del cordero en el ritual de la fiesta, ciertamente la tenían que derramar, y eso en recuerdo de lo sucedido en Egipto para traer a la memoria cómo fue derramada y aplicada al marco de la puerta. Además, tanto al matarlo como al prepararlo, al asarlo y al comerlo, no debían quebrar ningún hueso del cordero. Esto generaba un interrogante y hasta una curiosidad. El tiempo revelaría lo que Dios se había propuesto señalar.

Tenían que comer panes sin levadura en recuerdo de la hora y el apresuramiento con que salieron de Egipto, pues aquella madrugada:

> «Cocieron tortas sin levadura de la masa que habían sacado de Egipto, pues no había leudado, porque al echarlos fuera los egipcios, no habían tenido tiempo ni para prepararse comida» (Éxodo 12:39).

Dios desde el principio quiso establecer más que una fiesta religiosa, más que una tradición repetitiva; Dios quiso que los israelitas tuviesen memoria, quiso que les enseñasen a sus hijos lo que él había hecho en Egipto, y quiso ir preparando el escenario para proezas mayores.

El Dios que desde antes marcó las fechas de las fiestas, fechas que luego coincidirían con las cosechas de la tierra prometida sin que ellos siquiera lo hubieran imaginado, es el mismo Dios que para un futuro más lejano preparaba cosas mayores sin que ellos siquiera lo sospecharan. Pero por el momento, con el paso de los años, al preguntar tu hijo:

«¿Qué es este rito vuestro? vosotros responderéis...» (Éxodo 12:26-27).

La fiesta de la pascua era para recordar, para aprender, para apreciar la obra de Dios, pero también era para esperar, porque Dios haría mucho más.

En el lugar que Jehová tu Dios escogiere

Todo había comenzado en Egipto, el primer día del nuevo calendario que Dios introdujo. Dios dijo en aquel entonces que sacrificaran el cordero y lo comiesen en familia, en cada casa, tal vez junto con el vecino y su familia (Éxodo 12).

Con el correr del tiempo, avanzando por el desierto (Levítico 23), Dios les dio a los judíos el listado de las siete fiestas solemnes que debían guardar además del sábado, cuando habitasen en la tierra prometida. En orden, con sus fechas exactas; las fiestas serían para recordar lo ya sucedido, vinculadas en un ensamble perfecto con las estaciones y con las cosechas que iban a recoger en la tierra que todavía ellos desconocían, y presentadas en una secuencia y perspectiva profética de lo que a futuro Dios se había propuesto hacer. ¡Algo realmente sorprendente y extraordinario!

Pero justo antes de entrar a la tierra prometida, casi cuarenta años después de aquella noche en Egipto, Dios quiso dejarles una nueva indicación en cuanto a la fiesta de pascuas:

«Guardarás el mes de Aviv, y harás pascua a Jehová tu Dios; porque en el mes de Aviv te sacó Jehová tu Dios de Egipto, de noche. Y sacrificarás la pascua a Jehová tu Dios, de las ovejas y de las vacas, en el lugar que Jehová escogiere para que habite allí su nombre. No comerás con ella pan con levadura; siete días comerás con ella pan sin levadura, pan de aflicción, porque aprisa saliste de tierra de Egipto; para que todos los días de tu vida te acuerdes del día en que saliste de la tierra de Egipto. Y no se verá levadura contigo en todo tu territorio por siete días; y de la carne que matares en la tarde del primer día, no quedará hasta la mañana. No podrás sacrificar la pascua en cualquiera de las ciudades que Jehová tu Dios te da; sino *en el lugar que Jehová tu Dios escogiere para que habite allí su nombre*, sacrificarás la pascua por la tarde a la puesta del sol, a la hora que saliste de Egipto. Y la asarás y comerás en el lugar que Jehová tu Dios hubiere escogido; y por la mañana regresarás y volverás a tu habitación. Seis días comerás pan sin levadura, y el séptimo día será fiesta solemne a Jehová tu Dios; no trabajarás en él» (Deuteronomio 16:1-8).

A partir de entonces quedaba claro que al entrar a la tierra prometida, ya no deberían sacrificar el cordero de pascuas en cada casa, tampoco en su propio pueblo o ciudad, tampoco en un lugar de convocatoria designado por hombres o ideas humanas. Tenía que ser en el lugar que a su tiempo Dios indicaría; el lugar que Jehová, a su tiempo, iba a elegir para poner allí su nombre.

La fiesta de pascuas llegó a ser entonces para Israel un recordatorio del pasado, y aunque tal vez nadie lo percibía por aquel entonces, también sería un anuncio profético hacia el futuro, porque Dios siempre les hizo tener memoria del pasado y los hizo apuntar hacia el futuro. Entendamos que decir *recordatorio* y decir *profético*, es como decir *recuerda* y *espera*. Recuerda que Dios hizo lo imposible; y espera, Dios hará más todavía.

Recuerda Israel, y espera en Dios. Sacrifica la pascua, pero en el lugar indicado, en el lugar que Jehová eligiese para poner allí su nombre.

CAPÍTULO 3

EN EL LUGAR QUE JEHOVÁ ESCOGIERE

Los judíos entonces debían estar pendientes, una vez que se estableciesen en la tierra prometida, del lugar que Dios habría de indicarles para poner allí su nombre y centralizar allí cada año la fiesta de la pascua. Y aunque ellos casi ni lo tuvieron en cuenta por años, Dios no olvidaría sus palabras ni relegaría sus planes; es más, mucho antes de que ellos existiesen, Dios ya había revelado el esbozo de lo que se proponía llevar a cabo y dónde.

Vete a la tierra de Moriah

Es notable que Dios haya comenzado a marcar el lugar para sacrificar su Cordero desde los días de Abraham. Por aquel tiempo, inesperadamente, Dios comenzaba a revelarlo a aquel patriarca que, aún en la hora más oscura y angustiante de su vida, le creyó a Dios y le obedeció. Nos retrotraemos entonces aproximadamente al año 2050 a.C. Por entonces Abraham moraba en Beersheva (Génesis 21:33-34, 22:19) y de repente Dios le dijo palabras que no esperaba ni deseaba escuchar:

«Aconteció después de estas cosas, que probó Dios a Abraham, y le dijo: Abraham. Y él respondió: Heme aquí. Y dijo: Toma ahora tu hijo, tu único, Isaac, a quien amas, y *vete a tierra de Moriah, y ofrécelo allí en holocausto sobre uno de los montes que yo te diré.* Y Abraham se levantó muy de mañana, y enalbardó su asno, y tomó consigo dos siervos suyos, y a Isaac su hijo; y cortó leña para el holocausto, y se levantó, y fue al lugar que Dios le dijo. Al tercer día alzó Abraham sus ojos, y vio el lugar de lejos. Entonces dijo Abraham a sus siervos: Esperad aquí con el asno, y yo y el muchacho iremos hasta allí y adoraremos, y volveremos a vosotros. Y tomó Abraham la leña del holocausto, y la puso sobre Isaac su hijo, y él tomó en su mano el fuego y el cuchillo; y fueron ambos juntos. Entonces habló Isaac a Abraham su padre, y dijo: Padre mío. Y él respondió: Heme aquí, mi hijo. Y él dijo: He aquí el fuego y la leña; mas ¿dónde está el cordero para el holocausto? Y respondió Abraham: Dios se proveerá de cordero para el holocausto, hijo mío. E iban juntos. Y cuando llegaron al lugar que Dios le había dicho, edificó allí Abraham un altar, y compuso la leña, y ató a Isaac su hijo, y lo puso en el altar sobre la leña. Y extendió Abraham su mano y tomó el cuchillo para degollar a su hijo. Entonces el ángel de Jehová le dio voces desde el cielo, y dijo: Abraham, Abraham. Y él respondió: Heme aquí. Y dijo: No extiendas tu mano sobre el muchacho, ni le hagas nada; porque ya conozco que temes a Dios, por cuanto no me rehusaste tu hijo, tu único. Entonces alzó Abraham sus ojos y miró, y he aquí a sus espaldas un carnero trabado en un zarzal por sus cuernos; y fue Abraham y tomó el carnero, y lo ofreció en holocausto en lugar de su hijo. Y llamó Abraham el nombre de aquel lugar, Jehová proveerá. Por tanto se dice hoy: En el monte de Jehová será provisto» (Génesis 22:1-14).

Los 100 km de distancia y las tres jornadas de aquel angustiante viaje no pudieron derrumbar la determinación de aquel fiel patriarca. Viniendo desde el sur hacia la tierra señalada, deben haber pasado por Hebrón, luego por Belén, para arribar al lugar desde el sur hacia el valle del Cedrón. Deben haber acampado en las cercanías del manantial de Gijón, y allí Abraham debe haber dejado sus siervos con aquellas enormes palabras de fe: iremos, adoraremos y volveremos. Subir la última cuesta con su hijo, la leña, el fuego y el puñal, tampoco pudieron desgastar su fe. Dios lo probó hasta el extremo para finalmente detener su mano y proveerle de un cordero trabado en un arbusto espinoso.

Todo había sido idea de Dios, y parecía una historia de final feliz ya cerrada, ya terminada. Dios había probado a Abraham y el patriarca había obedecido y agradado a Dios en todo. Pero las pinceladas de aquel cuadro en la tierra de Moriah iban a ir mucho más lejos del marco de aquel día.

La convocatoria de Dios a ese lugar específico, el lenguaje de los protagonistas, el altar, el cordero sujeto en espinas, en realidad habían sido sólo trazos del boceto de la que sería la obra maestra de Dios, el futuro sacrificio de *su cordero* en la tierra de Moriah.

El padre y el hijo único y amado subieron juntos; el hijo cargando los maderos, el padre llevando en sus manos los elementos de la determinación de sacrificarlo. Llegado el momento, sobre uno de los montes en la tierra de Moriah, el padre lo desamparó y estuvo listo y a punto de sacrificarlo en obediencia a Dios.

Dios se proveerá de Cordero, hijo mío, fue la expresión de su confianza y de su anhelo, sin saber que también era la necesidad de la humanidad toda y que Dios a futuro lo haría de manera magistral.

La promesa del Señor fue:

«Abraham, en tu simiente serán benditas todas las naciones de la tierra» (Génesis 22:18).

Y desde entonces se dijo:

«En el monte de Jehová será provisto» (Génesis 22:14).

Cabe aclarar, a manera de paréntesis, que aquella antigua tierra llamada *tierra de Moriah*, actualmente es Jerusalén. En los días de Abraham había varias pequeñas colinas en esa zona, las cuales permanecen hasta el día de hoy. En la actualidad, y apenas separados por pocas cuadras unos de otros, están el monte Sión, el monte Moriah, el monte de los Olivos y el monte Scopus. Aunque los judíos y los árabes están rotundamente convencidos de que Abraham intentó sacrificar a su hijo en el monte Moriah, en Génesis 22 no nos dice específicamente sobre cual monte fue, sino que mas bien dice que Dios dijo:

«Sobre uno de los montes que yo te diré» (Génesis 22:2).

Y luego dice:

«Y cuando llegaron al lugar que Dios le había dicho, edificó allí Abraham un altar» (Génesis 22:9).

Para más detalles e información al respecto, leer capítulo 14 de este libro.

En el lugar que Jehová tu Dios escogiere para que habite allí su nombre

Avanzando en el tiempo y en la historia, como ya hemos considerado en el capítulo anterior de este libro, Moisés, allá por el año 1405 antes de Cristo a las puertas de la tierra prometida, tomó tiempo para dar enseñanzas fundamentales a la nueva generación de judíos nacida en el desierto. Aquella cátedra quedó registrada en el libro de Deuteronomio, donde hizo un repaso a la historia de Israel, a la ley de Dios y a los planes de Dios, agregando algunas preciosas promesas y algunas severas advertencias.

Ahora bien, en ese entorno y en el marco de Deuteronomio 16, Dios tomó tres fiestas de las siete ya estipuladas en Levítico 23 y las señaló como solemnes convocatorias anuales para todo varón en Israel y de obligatoria asistencia.

> «Tres veces cada año aparecerá todo varón tuyo delante de Jehová tu Dios en el lugar que él escogiere: en la fiesta solemne de los panes sin levadura, y en la fiesta solemne de las semanas, y en la fiesta solemne de los tabernáculos. Y ninguno se presentará delante de Jehová con las manos vacías; cada uno con la ofrenda de su mano, conforme a la bendición que Jehová tu Dios te hubiere dado» (Deuteronomio 16:16-17).

Como ya hemos anticipado, en principio eran sencillas fiestas recordatorias, que luego en la tierra prometida y por el anticipado conocimiento de Dios, iban a estar interligadas a las cosechas y sus ofrendas, pero además, y todavía sin percibirlo ellos, también serían eventos con fuertes contenidos proféticos.

Por si no quedase claro, destaquemos que en ese momento y contexto, en Deuteronomio 16:1-8, Dios marcó los lineamientos de cómo ellos debían celebrar la fiesta de la pascua en la tierra prometida, con una sola variante respecto a cómo ellos la habían celebrado al salir de Egipto y en el desierto.

Observemos:

> «No podrás sacrificar la pascua en cualquiera de las ciudades que Jehová tu Dios te da; sino en el lugar que Jehová tu Dios escogiere para que habite allí su nombre, sacrificarás la pascua por la tarde a la puesta del sol, a la hora que saliste de Egipto» (Deuteronomio 16:5-6).

De modo que, como decíamos al principio de este capítulo, los judíos entonces debían estar pendientes, una vez que se estableciesen en la tierra prometida, del lugar que Dios habría de indicarles para poner allí su nombre y centralizar allí cada año la fiesta de la pascua.

Mas a Jerusalén he elegido para que en ella esté mi nombre

Avanzando en el tiempo, allá por el año 972 a.C., el rey David todavía llevaba en su corazón el proyecto de edificar un templo, una casa a Jehová Dios de Israel, aunque Dios ya le había dicho que él no ejecutaría el proyecto, sino que su hijo Salomón lo llevaría a cabo.

Fue por aquellos días, en 1 Crónicas 21, que el gran rey cometió un grave error. David envió a sus príncipes a hacer un censo por todo Israel para saber con cuántos hombres contaba. Esto desagradó profundamente a Dios y trajo inmediatas consecuencias:

«Así Jehová envió una peste en Israel, y murieron de Israel setenta mil hombres. Y envió Jehová el ángel a Jerusalén para destruirla; pero cuando él estaba destruyendo, miró Jehová y se arrepintió de aquel mal, y dijo al ángel que destruía: Basta ya; detén tu mano. El ángel de Jehová estaba junto a la era de Ornán jebuseo» (1 Crónicas 21:15-16).

Dios, en un acto de compasión por su pueblo y por Jerusalén, ordenó al ángel que se detuviera, y no era aquel un lugar cualquiera o casual.

> «Y el ángel de Jehová ordenó a Gad que dijese a David que subiese y construyese un altar a Jehová en la era de Ornán jebuseo» (1 Crónicas 21:18).

Gad era vidente y consejero directo de David, un buen hombre que ministraba la palabra de Dios. Y David, conforme a su palabra, avanzó para hablar con Ornán el jebuseo y comprar su finca, a fin de construir en ella un altar a Jehová.

> «Y dio David a Ornán por aquel lugar el peso de seiscientos siclos de oro. Y edificó allí David un altar a Jehová, en el que ofreció holocaustos y ofrendas de paz, e invocó a Jehová, quien le respondió por fuego desde los cielos en el altar del holocausto» (1 Crónicas 21:25-26).

Dios había hecho reflexionar a David, después aceptó su arrepentimiento y oración, y finalmente respondió aprobando su altar y ofrenda haciendo descender fuego sobre el altar y el sacrificio.

Pero había mucho más en ese incidente, y David lo comprendió.

> «Y dijo David: Aquí estará la casa de Jehová Dios, y aquí el altar del holocausto para Israel» (1 Crónicas 22:1).

En 1 Crónicas 22 se registra la decidida iniciativa de David para la edificación del templo, iniciativa que llevó a su momento cumbre en 1 Crónicas 28 y 29. Con un notable brillo de regocijo en sus ojos y un renovado ímpetu espiritual, se levantó para liderar la mayor y mejor de sus campañas, diciendo:

> «Salomón mi hijo es muchacho y de tierna edad, y la casa que se ha de edificar a Jehová ha de ser magnífica por excelencia, para renombre y honra en todas las tierras; ahora, pues, yo le prepararé lo necesario. Y David antes de su muerte hizo preparativos en gran abundancia» (1 Crónicas 22:5).

Después de dar de sus tesoros, preparar planes, materiales y obreros, y luego de animar personalmente a su hijo, giró para dirigirse a los principales de Israel a fin de que ayudasen a su hijo, y les dijo:

> «Poned, pues, ahora vuestros corazones y vuestros ánimos en buscar a Jehová vuestro Dios; y levantaos, y edificad el santuario de Jehová Dios, para traer el arca del pacto de Jehová, y los utensilios consagrados a Dios, a la casa edificada al nombre de Jehová» (1 Crónicas 22:19).

De una manera dramática e impensada por los hombres, Dios había indicado a David el lugar que había elegido para poner allí su nombre. Luego de la muerte de David, y a la hora de comenzar la edificación del templo, su hijo Salomón asumió con absoluta certeza esa consigna:

> «Comenzó Salomón a edificar la casa de Jehová en Jerusalén, *en el monte Moriah*, que había sido mostrado a David su padre, en el lugar que David había preparado en la era de Ornán jebuseo» (2 Crónicas 3:1).

Después de años de trabajo y de una obra excelente, aquella magnífica casa estuvo terminada. Entonces, como lo atestigua 2 Crónicas 5–7, Salomón hizo los últimos arreglos, pronunció un impresionante discurso inaugural y extendiendo sus manos al cielo elevó una monumental oración de entrega del edificio a la presencia y los propósitos de Dios.

> «Cuando Salomón acabó de orar, descendió fuego de los cielos, y consumió el holocausto y las víctimas; y la gloria de Jehová llenó la casa» (2 Crónicas 7:1).

Como si fuese poco, y cerrando aquella jornada memorable:

> «Apareció Jehová a Salomón de noche, y le dijo: Yo he oído tu oración, y he elegido para mí este lugar por casa de sacrificio. [...] Ahora estarán abiertos mis ojos y atentos mis oídos a la oración en este lugar; porque ahora he elegido y santificado esta casa, *para que esté en ella mi nombre para siempre; y mis ojos y mi corazón estarán ahí para siempre*» (2 Crónicas 7:12, 15-16).

En resumen

Estas fueron las palabras de Abraham a su hijo Isaac subiendo juntos hacia el monte señalado en la tierra de Moriah:

> «Jehová se proveerá de cordero» (Génesis 22:8).

Y señaló desde entonces el dicho popular:

> «En el monte de Jehová será provisto» (Génesis 22:14).

Unos diez siglos después Jehová hizo descender fuego de lo alto sobre el altar de David en el monte Moriah (1 Crónicas 21:26). En ese mismo predio Salomón edificó casa para que habitase el nombre de Jehová. Al momento de la dedicación de ese templo, fuego de lo alto consumió el holocausto de Salomón confirmando sus propósitos y Dios llenó esa casa con la gloria de Jehová (2 Crónicas 7:1).

Allí, de acuerdo a los anuncios de Moisés y en el lugar señalado a Abraham, a David y a Salomón, allí tenía que ser. En Jerusalén y en el monte Moriah, Dios había marcado el lugar donde los judios debían centralizar la fiesta de la pascua y sacrificar el cordero. Pero más allá de lo que ellos podían por entonces percibir, Dios había marcado el lugar en el planeta donde a futuro iba a sacrificar otro cordero que ya tenía preparado, *su Cordero*. ¡Gloria sea a Dios! ¡Realmente esto es algo notable!

CAPÍTULO 4

DIOS SE PROVEERÁ DE CORDERO, A SU MANERA ANUNCIADA

No cabe duda que todo esto fue idea e iniciativa de Dios. Ciertamente, a Abraham viviendo en Beersheva jamás se le cruzó por la cabeza sacrificar a su hijo sobre una colina a unos 100 km de distancia, pero Dios habló. Los judíos en Egipto ni imaginaban sacrificar un cordero y manchar sus puertas con su sangre para después salir a la libertad, pero Dios habló. El rey David ni sospechaba la crisis que se le desataría en Jerusalén y su resultado final, pero Dios al fin intervino, habló y obró. Queda claro entonces que Dios tomó las iniciativas y que estos hombres no idearon nada por sí mismos.

Dios se proveerá de Cordero

La primera insinuación de un sacrificio de animales en la Biblia la tenemos en Génesis 3:21, cuando Dios hizo túnicas de pieles para que Adán y Eva se cubriesen. Parece evidente que Dios mismo sacrificó animales inocentes para cubrirlos a ellos.

La primera mención concreta y clara de un sacrificio de cordero la tenemos en Génesis 4:1-5. Abel se presentó ante Dios ofreciendo uno de los más gordos de entre sus ovejas. Lo más probable es que con anterioridad Dios haya instruido a Adán y Eva, y ellos a sus hijos, acerca de la forma de acercarse a su presencia, al lado oriental del jardín, delante de los querubines que custodiaban esa entrada (Génesis 3:24).

Por otra parte, en Génesis 22:7, la pregunta de Isaac a su padre nos hace ver que lo usual por aquellos días era sacrificar un cordero, y Dios se proveyó de Cordero en aquella ocasión.

Sin dudas, desde el cordero de Abel en adelante, pasando por el cordero de Abraham y avanzando por los miles de corderos sacrificados en Egipto y en las fiestas anuales de pascuas judías, todos fueron correctos sacrificios al momento de ser ofrecidos, pero la idea de Dios no terminaba allí ni en eso. Dios anunciaría *otro cordero*, el suyo, cuya sangre derramada hablaría mejor que la sangre del cordero de Abel (Hebreos 11:4; 12:24) y comunicaría un mayor y mejor mensaje.

Como Cordero sería llevado al matadero

El inmenso y magnífico caudal profético del libro de Isaías francamente nos deslumbra vez tras vez, anunciando a lo largo de sus sesenta y seis capítulos las gloriosas venidas del Mesías a Israel.

Entre otros, en Isaías 2 anuncia el futuro reinado mundial del Mesías desde Sión. En el capítulo 9 predice que alegraría Galilea y luego que reinará en Jerusalén, reino que describe en el 11 y 12. En el 40 presagia que Dios mismo vendría a Jerusalén. En el 60 da una semblanza del asombroso desfile de reyes de toda la tierra que traerán sus honores y riquezas a Jerusalén y al Rey, y prácticamente hasta el final del libro describe los beneficios de su reino incomparable.

En un párrafo prolijamente entrelazado al contexto de su libro y a los demás profetas, Isaías claramente anunciaba que el Rey que asombrará a las naciones con su poder y majestad, primeramente sería angustiado hasta lo sumo, pasaría por quebrantos terribles, y como cordero sería llevado al matadero:

«He aquí que mi siervo será prosperado, será engrandecido y exaltado, y será puesto muy en alto. Como se asombraron de ti muchos, de tal manera fue desfigurado de los hombres su parecer, y su hermosura más que la de los hijos de los hombres, así asombrará él a muchas naciones; los reyes cerrarán ante él la boca, porque verán lo que nunca les fue contado, y entenderán lo que jamás habían oído.

¿Quién ha creído a nuestro anuncio? ¿Y sobre quién se ha manifestado el brazo de Jehová? Subirá cual renuevo delante de él, y como raíz de tierra seca; no hay parecer en él, ni hermosura; le veremos, mas sin atractivo para que le deseemos.

Despreciado y desechado entre los hombres, varón de dolores, experimentado en quebranto;

y como que escondimos de él el rostro, fue menospreciado, y no lo estimamos.

Ciertamente llevó él nuestras enfermedades, y sufrió nuestros dolores; y nosotros le tuvimos por azotado, por herido de Dios y abatido.

Mas él herido fue por nuestras rebeliones, molido por nuestros pecados; el castigo de nuestra paz fue sobre él, y por su llaga fuimos nosotros curados.

Todos nosotros nos descarriamos como ovejas, cada cual se apartó por su camino; mas Jehová cargó en él el pecado de todos nosotros.

Angustiado él, y afligido, no abrió su boca; *como cordero fue llevado al matadero*; y como oveja delante de sus trasquiladores, enmudeció, y no abrió su boca.

Por cárcel y por juicio fue quitado; y su generación, ¿quién la contará? Porque fue cortado de la tierra de los vivientes, y por la rebelión de mi pueblo fue herido.

Y se dispuso con los impíos su sepultura, mas con los ricos fue en su muerte; aunque nunca hizo maldad, ni hubo engaño en su boca.

Con todo eso, Jehová quiso quebrantarlo, sujetándole a padecimiento. Cuando haya puesto su vida en expiación por el pecado, verá linaje, vivirá por largos días, y la voluntad de Jehová será en su mano prosperada.

Verá el fruto de la aflicción de su alma, y quedará satisfecho; por su conocimiento justificará mi siervo justo a muchos, y llevará las iniquidades de ellos.

Por tanto, yo le daré parte con los grandes, y con los fuertes repartirá despojos; por cuanto derramó su vida hasta la muerte, y fue contado con los pecadores, habiendo él llevado el pecado de muchos, y orado por los transgresores» (Isaías 52:13–53:12).

Como decíamos, el texto es claro al anunciar que este siervo de Jehová (el mismo de Isaías 42 y 49), será exaltado hasta lo sumo y asombrará con su esplendor a las naciones y sus reyes, pero también es muy claro al anunciar que antes iba a ser desfigurada su persona en un castigo demoledor hasta que finalmente pusiese su vida en expiación por el pecado. Iba a ser despreciado y desechado por los hombres e iba a soportar un dolor y un quebranto desmedido e inusual (Isaías 53:3, 10).

Cuatro veces, en la versión Reina Valera 1960, aparece en este párrafo la palabra pecado:

- Sería molido por nuestros pecados (v. 5).

- Jehová cargó en él el pecado de todos nosotros (v. 6).

- Puso su vida en expiación por el pecado (v. 10).

- Habiendo llevado el pecado de muchos (v. 12).

Así que, el siervo Mesías iba a cargar, llevar, sostener el castigo y expiar el pecado. Y además, en el v. 11 dice que llevaría las iniquidades de otros.

Cual cordero, no iba a abrir su boca delante de quienes lo maltrataran y finalmente lo llevaran al matadero; pero el procedimiento de ellos no iba a ser por un ritual religioso sino por apresamiento y por juicio (vv. 7-10). Y aunque en los días de Isaías, siete siglos antes de Cristo, no se vislumbraba la forma final de la ejecución, pues no se usaba la crucifixión, a su tiempo él sería cortado de la tierra, sin causa judicial válida, por la rebelión del pueblo de Isaías. En ese marco, los impíos finalmente decidirían sobre la sepultura de su cuerpo como el más vil reo que se queda sin derechos ni respaldo familiar, pese a que nunca se hubiese hallado engaño en su boca ni hubiese hecho maldad alguna.

Pese a todas sus virtudes, Jehová decidiría quebrantarlo, sujetándolo a padecimiento, y en su peor agonía, rumbo a poner su vida en sacrificio de expiación, sólo se le escucharía orar por los transgresores.

Pero al final, lejos de terminar todo allí, Isaías reitera lo que ya había dicho al principio. Este siervo de Jehová, después de su muerte, y evidentemente una vez vuelto a la vida, verá el fruto de la aflicción de su alma y quedará satisfecho. Luego, según este mismo texto profético, el siervo de Jehová será el Rey más grande entre los grandes; con los suyos repartirá los beneficios de su grandiosa victoria, y la voluntad de Jehová será prosperada en su mano de Rey gobernante.

De modo que, el siervo de Jehová de la profecía de Isaías, antes de ser gran Rey, iba a ser Cordero. Se comportaría en lo personal como Isaac cuando se sujetó a la decisión de su padre, como así también se comportaría públicamente como un cordero, sería llevado al matadero; Jehová cargaría en él el pecado de todos nosotros.

CAPÍTULO 5

DIOS SE PROVEERÁ DE CORDERO, A SU TIEMPO ESTABLECIDO

Aquel preocupado varón había vivido casi setenta años de su vida en Babilonia. Y aquella mañana, observando los escritos proféticos de Jeremías, comprendió que el tiempo marcado por Dios para disciplinar a su pueblo Israel en el exilio se agotaba. Fue entonces cuando Daniel volvió su rostro a Jehová, el gran Dios del pacto, y clamó por el regreso de su pueblo, por la reconstrucción de Jerusalén y por la reedificación del arrasado templo de Dios (Daniel 9:1-19).

Pocos minutos después, y prácticamente interrumpiendo el final de la ferviente oración de aquel digno anciano, el ángel Gabriel entró a su presencia para traerle la exacta respuesta de Dios. Gabriel iba a revelarle a Daniel lo que Dios haría con los judíos, con Jerusalén y con el templo, pero aunque Daniel no lo había mencionado, Gabriel iba a incluir al protagonista principal de la historia, el que ha de traer justicia perdurable a aquel lugar y al pueblo judío:

El Mesías de Israel. Breve sería la profecía de Gabriel, en ella fundamentalmente trazaría los plazos de Dios para las dos venidas del Mesías a Jerusalén.

Y después, se quitará la vida al Mesías

En los versículos siguientes tenemos aquella grandiosa profecía entregada por el ángel Gabriel al profeta Daniel. Ese asombroso anuncio marcaba los plazos precisos para las dos venidas del Mesías a Jerusalén, y ha llegado a ser columna vertebral de todo el cuerpo de la profecía bíblica.

«Setenta semanas están determinadas sobre tu pueblo y sobre tu santa ciudad, para terminar la prevaricación, y poner fin al pecado, y expiar la iniquidad, para traer la justicia perdurable, y sellar la visión y la profecía, y ungir al Santo de los santos.

Sabe, pues, y entiende, que desde la salida de la orden para restaurar y edificar a Jerusalén hasta el Mesías Príncipe, habrá siete semanas, y sesenta y dos semanas; se volverá a edificar la plaza y el muro en tiempos angustiosos.

Y después de las sesenta y dos semanas se quitará la vida al Mesías, mas no por sí; y el pueblo de un príncipe que ha de venir destruirá la ciudad y el santuario, su fin será con inundación, y hasta el fin de la guerra durarán las devastaciones.

Y por otra semana confirmará el pacto con muchos; a la mitad de la semana hará cesar el sacrificio y la ofrenda. Después con la muchedumbre de las abominaciones vendrá el desolador, hasta que venga la consumación, y lo que está determinado se derrame sobre el desolador» (Daniel 9:24-27).

De manera que, setenta semanas era el plazo anunciado por Dios, desde la salida de la orden en Persia para restaurar Jerusalén hasta instalar de manera definitiva esas seis bendiciones perdurables sobre ella.

La palabra setenta, obviamente, apunta a un conjunto definido de setenta unidades idénticas. Y la palabra semana, *shavúa* en hebreo, define a un conjunto de siete unidades de tiempo. Lógicamente, en su uso habitual, la palabra se usa para la semana que tiene un conjunto de siete días, pero con el paso del tiempo todos comprenderían una variante en el anuncio de Dios.

El ángel dividió el bloque de setenta semanas en tres segmentos: siete semanas, sesenta y dos semanas y una semana final. Y fue categórico diciendo que al cumplirse la semana sesenta y nueve (suma de las siete más las sesenta y dos), llegaría el Mesías príncipe a Jerusalén y al templo.

En los días actuales, corremos con ventaja para interpretar estos segmentos de tiempo, porque después de la anunciada semana sesenta y nueve iban a ser destruidos de nuevo Jerusalén y el templo; y eso ocurrió en el año 70 de nuestra era. Por lo tanto, luego de observar detenidamente, comprobamos que las semanas anunciadas eran de años. Ahora bien, observando en otros textos de las Escrituras, entendemos que estos eran años proféticos de trescientos sesenta días cada uno, es decir, años de doce meses y de treinta días cada mes. La manera de contar los días en el libro de Daniel y en el libro de Apocalipsis, así lo comprueban (Daniel 7:25; 9:27; Apocalipsis 11:2-3; 12:6, 14; 13:5).

De manera que, desde la orden para reedificar Jerusalén (que fue dada por el rey Artajerjes a Nehemías en el capítulo 1 de su libro), se cumplirían 173.880 días hasta la llegada del Mesías Príncipe a Jerusalén. Después se le quitaría la vida al Mesías, aunque aquí no se nos dice cuánto tiempo después. Seguidamente, el pueblo de otro futuro príncipe habría de destruir, una vez más, la ciudad de Jerusalén y el santuario. Finalmente, luego de la última semana en cuestión, el Mesías regresará en gloria a Jerusalén.

Para considerar un estudio más detenido del anuncio de Gabriel, usted puede remitirse al capítulo 11 de este libro. Pero es esencial que aquí y ahora saquemos en limpio que, según el anuncio de Gabriel, contando desde el día de la orden de Artajerjes para reedificar Jerusalén, al cumplirse sesenta y nueve semanas de años, llegaría el Mesías Príncipe a Jerusalén, y que *después* le quitarían la vida.

Alégrate mucho, hija de Jerusalén

Es notable que en tan sólo dos versículos otro profeta, unos doscientos años después, haría un juego similar de anuncios acerca del Mesías como lo había hecho Isaías, añadiendo información profética sin contradecir ningún detalle anterior. Desde la perspectiva de Isaías, aquel que un día será gran Rey, primero tendría que sufrir como cordero. Desde la perspectiva de Zacarías, el que señoreará de mar a mar sobre Israel y las naciones, primero llegaría en humilde mansedumbre a Jerusalén.

> «Alégrate mucho, hija de Sion; da voces de júbilo, hija de Jerusalén; he aquí tu rey vendrá a ti, justo y salvador, humilde, y cabalgando sobre un asno, sobre un pollino hijo de asna. Y de Efraín destruiré los carros, y los caballos de Jerusalén, y los arcos de guerra serán quebrados; y hablará paz a las naciones, y su señorío será de mar a mar, y desde el río hasta los fines de la tierra» (Zacarías 9:9-10).

El Mesías Rey vendría a Jerusalén y eso sería motivo de enorme alegría para la sencilla y cándida gente de aquella singular ciudad. Un día ha de volver a ese mismo lugar en pleno poder y autoridad para destruir carros, caballos, armas de guerra, hablar paz a las naciones y señorear de mar a mar, según lo indica el versículo 10. Pero en primera instancia, llegaría a esa misma ciudad en forma muy sencilla y particular, como justo, salvador y humilde, cabalgando sobre un asnito, tal y como lo anunciaba Zacarías 9:9. Emulando al hijo de David (1 Reyes 1:32-40), entraría mansamente en la ciudad aclamado por los suyos, pero no llevaría en su semblante aires de victoria o de soberbia. Tres palabras describen proféticamente la actitud personal con que llegaría por entonces. La primera palabra, *justo*, lo anunciaba como hombre derecho y recto. La segunda palabra, *salvador*, lo anunciaba como aquel que vendría para amparar, liberar y guardar. Y la tercera palabra, *humilde*, lo anticipaba como un hombre sencillo, y hasta acongojado y afligido. Jerusalén, tu Rey vendría y vendrá a ti, no solo en cumplimiento de lo que está escrito sino también porque te ama.

En tus manos están mis tiempos

En concordancia con el marco de los plazos exactos dados a Daniel y con las dos venidas del Mesías a Jerusalén anunciadas por Zacarías, las palabras proféticas del Mesías en Salmo 31:14-15 no sólo traslucen su total confianza en Dios, sino que además revelan el preciso desenvolvimiento, paso a paso, de todo lo planeado y anunciado:

> «Más yo en ti confío, oh Jehová; digo: tú eres mi Dios. En tu mano están mis tiempos; líbrame de la mano de mis enemigos y de mis perseguidores».

Ahora bien, los Salmos 31, 35, 41, 69 y 109 claramente anunciaban de antemano que el Mesías sería desechado y agredido injustamente por los hombres, traicionado por un amigo muy cercano, y aún resistido por sus propios familiares. Además, los Salmos 2, 8 y 110 revelaban que el Mesías tendría enemigos que se opondrían a su establecimiento como Rey en Sión.

Además, desde los días de Esdras y Nehemías, el Salmo 118 se entonaba subiendo en fiestas a Jerusalén y el templo. Los primeros dieciocho versículos testificando de angustias propias y del pueblo, de las cuales les había librado el Dios de Israel en su misericordia. Los vv. 19 y 20 se cantaban delante de las puertas, y los vv. 21 al 29 eran notas de alabanzas al Dios de salvación por hacer de la roca desechada, la piedra angular; por haber hecho *este día* para alegrarnos en él, cantando *hosannas* ¡Sálvanos ahora!, bendiciendo de corazón y reconociendo:

«Bendito el que viene en el nombre del Señor» (Mateo 21:9).

Por su parte, el Salmo 22, a la manera de Isaías y Zacarías, anunciaba los sufrimientos del Cordero y las glorias que vendrían tras ellos (1 Pedro 1:10-11). En sus primeros 21 versículos expresa de antemano el dolor insondable de aquel que balbucearía un agónico pero reverente reclamo:

«Dios mío, Dios mío, ¿por qué me has desampara-rado?» (Salmo 22:1).

Sería el clamor de aquel que llegaría a quedar despojado de sus ropas, con sus manos y sus pies horadados, rodeado de enemigos, privado de movimiento, escarnecido, deshidratado. Aquel que, traspasado de dolores, angustias y sed desesperante, sería llevado al polvo de la muerte. Desde v. 22 en adelante se anunciaba que, en fiel respuesta a su clamor e integridad, Jehová lo enaltecerá entre las naciones y lo engrandecerá hasta lo sumo.

En síntesis, de acuerdo a lo escrito por Moisés, los profetas y los salmos, cual cordero sería llevado al matadero y Jehová cargaría en él, el pecado de todos nosotros. Dios se proveería de Cordero, en el lugar indicado, a su manera previamente anunciada y a su tiempo establecido.

CAPÍTULO 6

¡HE AQUÍ EL CORDERO DE DIOS!

Los sitios geográficos habían sido marcados de manera exacta, los tiempos habían sido trazados de manera precisa, las formas y procedimientos para sacrificar el cordero habían quedado delineados claramente, todo finamente anunciado por la palabra profética hebrea. Pero con la misma claridad debemos entender que montar el escenario anunciado y llevarlo a cabo, era una colosal tarea que no podría jamás haber sido un ardid o una mera puesta en escena de hombres que estaban a favor de Dios. Antes bien, en cada acto de aquel drama sin par, si bien la iniciativa y el cumplimiento final fueron de Dios y de su Mesías:

> «Los habitantes de Jerusalén y sus gobernantes, no conociendo a Jesús, ni las palabras de los profetas que se leen todos los días de reposo, las cumplieron al condenarle» (Hechos 13:27).

Pero vayamos paso a paso.

Desde Belén, envuelto en pañales
y acostado en un pesebre: el Cordero

Nada había sido casual, el Dios Altísimo había trazado todas las circunstancias que llevaron a José y María hasta aquel establo en Belén, incluso sin que ellos lo advirtieran. Y aquella noche nació el niño Jesús, María lo envolvió en pañales y lo acostó en un pesebre (Lucas 2). Pero todos los que una vez nos informamos al respecto, jamás podemos pasar por alto que un aspecto maravilloso yace en el fondo de aquella escena, en la cualidad misma de aquellos campos y de aquellos rebaños de Belén y alrededores.

Al respecto, Alfred Edersheim[1], judío mesiánico nacido en Viena en 1825, pastor, misionero a judíos de Rumania, erudito en hebreo, arameo y griego, profesor de Septuaginta en la Universidad de Oxford, nos aportó una serie de datos muy interesantes al escribir:

> «...los ganados que pastaban allí, estaban destinados al sacrificio en el templo, y, en consecuencia, los pastores que velaban sobre ellos no eran pastores ordinarios. Estos se hallaban bajo el bando del Rabinismo. [...] los pastores velaban los ganados del templo todo el año».

En la página 226 agrega:

> «Fue pues entonces, en aquella noche de invierno, el 25 de diciembre, que los pastores velaban los

---

[1] Edersheim, Alfred. *La Vida y los Tiempos de Jesús el Mesías*, Tomo I, pp. 225-226, 228.

ganados destinados a los servicios sacrificiales, en el mismo lugar consagrado por la tradición como el punto en que el Mesías tenía que ser revelado por primera vez».

Y en la página 228 añade:

«Habiéndolo visto por sí mismos, los pastores dijeron lo que se les había dicho acerca del niño a todos los que les rodeaban: en el establo, en los campos, probablemente también en el templo, al cual debían llevar sus ganados, con lo cual prepararían la mente de Simeón, de Ana y de todos aquellos que esperaban la salvación de Israel».

De modo que, aquellos no eran rebaños comunes pertenecientes a diferentes dueños, aquellos eran los rebaños del templo. Belén estaba ubicada a unos 10 km al sur de Jerusalén y aquellos campos eran propicios para la cría y pastoreo de los corderos que, al tiempo de la pascua, iban a ser sacrificados en el templo de Jerusalén. Miles y miles se necesitaban para entonces, en las mejores condiciones que la ley de Moisés señalaba. Al tiempo indicado, los corderos eran conducidos desde Belén, entre colinas y valles rumbo a Jerusalén, para ser sacrificados el día de la pascua, a la hora señalada.

Por todo el cuadro profético-histórico y en cada detalle, se percibe la fuerza del mensaje, la estrategia de Dios, la precisión con que él comunica y cumple sus planes. ¿Lo ha notado? Entre los rebaños del templo destinados al sacrificio, aquella noche en Belén, nació el Cordero de Dios.

El profeta Juan lo presentó: ¡He aquí el Cordero de Dios!

Pocos sabían que ese varón sencillo, casi rústico, de lenguaje claro, directo y absolutamente comprometido con la verdad, era el último y el más grande de los profetas de Israel. Mucho menos aún, nadie siquiera imaginaba que ese día Juan miraría de frente a aquel Jesús de Galilea y diría:

«He aquí el Cordero de Dios, que quita el pecado del mundo» (Juan 1:29).

El mensaje era fuerte e inquietante para una mente judía, no obstante, al día siguiente, Juan estaba con dos de sus discípulos y mirando a Jesús que andaba por allí, dijo de nuevo:

«He aquí el Cordero de Dios. Y oyéndolo dos de sus discípulos, siguieron a Jesús» (Juan 1:35-37).

Isaías había anunciado que el Cordero de Dios iba a cargar, llevar y expiar los pecados de todos *nosotros* (los judíos). Y Juan sintetizó esas tres acciones con un solo verbo: *quitar*. Y por la gracia de Dios, extendió el alcance de los beneficios a toda la humanidad, en fina sintonía con aquellas trascendentales palabras de Jehová:

«También te di por luz de las naciones, para que seas mi salvación hasta lo postrero de la tierra» (Isaías 49:6*b*).

Al momento del bautismo de Jesús en el Jordán, Dios quiso anunciarlo y presentarlo al pueblo como su

Hijo amado, en quien se complace su alma (el Mesías del Salmo 2). No obstante, fue honor de Juan, voz culminante de la palabra profética hebrea, anunciar que aquel varón también era *el Cordero de Dios que quita el pecado del mundo.*

¡En este, tu día!

Como hemos considerado, desde la orden para que Nehemías saliese para reedificar Jerusalén, 173.880 días estaban determinados sobre el pueblo de Daniel, sobre Jerusalén y sobre el templo, hasta que en aquella mañana llegara el Mesías príncipe montado sobre un asnito. Es imposible pretender que Dios fuese más claro y más exacto.

Cuatro escritores nos relatan la manera en que aquella mañana el Señor Jesucristo entró en Jerusalén.

Tres de ellos fueron testigos presenciales, nos referimos a Mateo, Marcos y Juan. El otro escritor, Lucas, tiempo después se informó detalladamente a fin de elaborar un documento histórico preciso para informar a un funcionario romano creyente llamado Teófilo. Mateo 21, Marcos 11, Lucas 19 y Juan 12 nos informan que en aquel momento el Señor Jesucristo venía desde Betania, ascendió desde atrás el monte de los Olivos y descendiendo la ladera montado en un pollino entró a Jerusalén. Luego ingresó al templo, y después encaró a los cambistas y vendedores de animales. Pero leamos atentamente el informe de Lucas:

«Y habiendo echado sus mantos sobre el pollino, subieron a Jesús encima. Y a su paso tendían sus mantos por el camino. Cuando llegaban ya cerca de la bajada del monte de los Olivos, toda la multitud de los discípulos, gozándose, comenzó a alabar a Dios a grandes voces por todas las maravillas que habían visto, diciendo: ¡Bendito el rey que viene en el nombre del Señor; paz en el cielo, y gloria en las alturas! Entonces algunos de los fariseos de entre la multitud le dijeron: Maestro, reprende a tus discípulos. Él, respondiendo, les dijo: Os digo que si éstos callaran, las piedras clamarían.

Y cuando llegó cerca de la ciudad, al verla, lloró sobre ella, diciendo: ¡Oh, si también tú conocieses, a lo menos *en este tu día*, lo que es para tu paz! Mas ahora está encubierto de tus ojos. Porque vendrán días sobre ti, cuando tus enemigos te rodearán con vallado, y te sitiarán, y por todas partes te estrecharán, y te derribarán a tierra, y a tus hijos dentro de ti, y no dejarán en ti piedra sobre piedra, por cuanto no conociste el tiempo de tu visitación. Y entrando en el templo, comenzó a echar fuera a todos los que vendían y compraban en él, diciéndoles: Escrito está: Mi casa es casa de oración; mas vosotros la habéis hecho cueva de ladrones. Y enseñaba cada día en el templo; pero los principales sacerdotes, los escribas y los principales del pueblo procuraban matarle» (Lucas 19:35-47).

La algarabía de aquellos discípulos y simpatizantes de Jesús estaba alimentada no sólo por el gran milagro de la resurrección de Lázaro sino también por el clima festivo de esos días y la expectativa de que algo impactante sucedería en Jerusalén al anunciar públicamente al rey que venía en el nombre del Señor.

Pero lejos de quedar impresionado por los honores, lejos de expresar algún gesto de arrogancia, aquel ilustre hombre judío, al ver a Jerusalén iba llorando por ella. Las breves palabras de Jesús bajando la cuesta de los Olivos, son sencillamente extraordinarias. No puede haber nada más ajustado al momento, a las circunstancias, al trasfondo profético de Daniel 9 y Zacarías 9:9, y al sentir profundo de su corazón.

¡Ese era el día que había preparado el Señor! El día que anunciaba el Salmo 118:24, era también el día que marcaba la profecía de la semana número sesenta y nueve de Daniel, y, asombrosamente, era también el día que Dios le había marcado a Moisés para poner aparte al cordero y observar que fuese perfecto. Era el 10 de *Nisán (Aviv)* del año 32 d.C.

En Juan 12 leemos que seis días antes de la pascua, es decir el viernes por la tarde, había llegado a Betania. Le hicieron un banquete de *Shabát* ese viernes por la noche, descansó el *Shabát* en Betania, y entró en Jerusalén en la mañana del primer día de la semana, el 10 de *Aviv*.

Daniel había anunciado el lugar y el día en que llegaría, y que *después* se le quitaría la vida, pero no había dicho cuántos días después. En realidad no era necesario que lo dijera, pues como ya hemos visto, Dios lo había anunciado siglos atrás, Dios se lo había dicho a su siervo Moisés.

Pero que él fuese el Mesías estaba encubierto de los ojos del pueblo judío por aquellos envidiosos y celosos líderes religiosos de Jerusalén, guías ciegos, que no estaban enseñando las Escrituras como debían haberlo hecho y las habían reemplazado por sus tradiciones.

Jerusalén no entendía *el tiempo de su visitación* a causa de que esos hombres necios, acomodados al poder religioso y a las riquezas injustas, les habían extraviado de la verdad, y en aquellas últimas instancias habían llegado a empecinarse en negar lo obvio y hasta a reprimir al enviado de Dios (Lucas 19:41-42).

De acuerdo a la profecía de Daniel 9, después de esto, Jerusalén tendría por la misericordia de Dios unos años para reflexionar y luego la destrucción inexorable caería sobre ella. En cumplimiento de lo anunciado por Daniel y ampliado por el Señor Jesús (Mateo 24:2), y como retribución por haber rechazado al Mesías, los romanos destruirían Jerusalén y el templo una vez más en el año 70 d.C.

No cabe duda, el Padre y el Hijo planearon todo esto juntos y lo anunciaron en la palabra profética hebrea, y hasta podríamos decir que incluso subieron juntos. El Hijo llegaba respaldado por el Padre a las instancias finales en la tierra de Moriah, a la ciudad de Jerusalén y al templo donde Dios había elegido poner allí su nombre. Y mientras secaba sus lágrimas en medio de aquella caravana inolvidable, aquel día sin par, Jesús comenzaba a exponer públicamente su persona como nunca lo había hecho en Jerusalén y en los amplios patios de aquel santuario. Iba a demostrar públicamente, de acuerdo a la Escritura, desde el 10 de *Aviv* hasta su último aliento en la cruz, que él era el Cordero impecable.

Sin defecto, inocente, rumbo al matadero

Jesús entró en Jerusalén el 10 de *Nisán* (o sea *Aviv*) del año 32 d.C., así lo escribieron Josh McDowell y Dave Hunt entre otros escritores, ver capítulo 11 de este libro. Era el día para poner aparte al cordero según la ley, y entonces comprobar por cinco días que fuera sin defecto. De ese modo, aquellos cinco días, desde la entrada de Jesús hasta su muerte, fueron para exponerse al público y demostrar sus impecables virtudes. Así lo documentaron, Mateo 21–27; Marcos 11–15; Lucas 19–23 y Juan 12–19.

Los mercaderes del templo, los acomodados en aquel injusto y abusivo negocio controlado por el poder de los sumos sacerdotes, fueron los primeros en advertir que aquel varón estaba dispuesto a todo, incluso a arriesgar su propia vida por la verdad. Pues al volcar las mesas de aquellos negocios gritando que habían hecho de la casa del Padre *cueva de ladrones*, los principales sacerdotes decidieron sacarlo de en medio y resolvieron matarlo.

Aquellos fueron días de pública enseñanza bíblica entre el pueblo, había llegado el momento para no callar más. En los patios del templo, respondió todas las preguntas a los herodianos, a los saduceos y a los fariseos, y luego les hizo planteos y preguntas a ellos que los dejaron desconcertados y al borde de la admiración. Y después, en su inigualable e impactante discurso de Mateo 23, reprendió a voz en cuello a los catedráticos del templo por sus hipocresías, por sus falsedades y por sus injusticias. Les publicó lo que por años no sólo había estado en su recto corazón sino también en el sentir de un pueblo agobiado, al que tapaban la boca con amenazas y reprimendas. Luego les anunció el justo y devastador juicio para Jerusalén, y entonces salió del templo hacia el monte de los Olivos.

En la última cena con los suyos, les habló cálida y ordenadamente, pero sin ocultarles su inmensa tristeza y soledad. Les explicó lo que sucedería, les dejó grandiosas promesas, les llamó amigos, y hasta oró por ellos y por los que habríamos de creer en él por la palabra de ellos.

Luego, el rocío de la noche cayó sobre él cuando agonizaba orando en Getsemaní. Clamó como un niño herido invocando el cuidado del Padre, y al final se le escuchó concluir:

«No se haga mi voluntad sino la tuya» (Lucas 22:42).

Podría haber huido, podría haber dado órdenes a los ángeles para defenderlo, podría haber ejercido sus propios poderes; pero los esperó, agonizó, y asumió voluntariamente toda aquella gigantesca agresión que le aguardaba; cargó sobre sí el pecado de todos nosotros. Los principales sacerdotes, los escribas y los ancianos del pueblo habían resuelto matarlo y él lo sabía (Mateo 26:3-5).

Traicionado por un amigo, fue apresado en el jardín y conducido ante el corrupto sumo sacerdote para ser injustamente juzgado por los sacerdotes y los ancianos judíos y también por los tribunales romanos. Aquella madrugada fueron violados todos los derechos judíos, romanos y humanos; y a la salida del sol lo sacaron cargando su cruz rumbo al matadero romano.

Apresuradamente, y despojado de derecho alguno, compareció ante Pilato, ante Herodes el tetrarca y finalmente de nuevo ante Pilato. Soportó la gritería de una turba sobornada e impía. Fue quitado de en medio por encarcelamiento y por juicio, pero todos supieron que era inocente y que ni siquiera emitió una sola palabra de agresión o de reacción.

Los soldados lo escarnecieron, lo afligieron con espinas y bofetadas, lo azotaron desmedidamente, y terminaron asombrados de que no gritase, no insultase y de que soportase aquel demoledor castigo.

Cargando la cruz, después trastabillando junto a Simón de Cirene, lejos de maldecir o insultar a alguien, sólo se detuvo para consolar a unas mujeres de Jerusalén. Y entre el metálico ruido de los clavos y los martillos romanos, sólo se le escuchó balbucear:

«Padre perdónalos, porque no saben lo que hacen» (Lucas 23:34).

Aquel centurión, acostumbrado a ejecutar reos, habituado a lidiar con presos convictos y a ejecutar perversos rebeldes, terminó sus labores sumergido en inquietantes tinieblas y en una profunda reflexión. Como testigo directo, no pudo menos que reconocer que allí no había muerto uno cualquiera sino que allí habían ejecutado al Hijo de Dios.

Aún los ángeles y los demonios fueron testigos en aquella jornada, de su perfecta integridad, de su inquebrantable valentía y de su absoluta lealtad a Dios, su Padre, a quien finalmente encomendó y confió su espíritu.

«Y como a las tres de la tarde [...] lanzando un fuerte grito, expiró» (Marcos 15:33-39 NVI).

Padre, la hora ha llegado

Hasta aquel día, absolutamente nadie había tocado siquiera un cabello de su cabeza en forma de agresión, y en varias oportunidades había dicho casi sin que lo comprendieran: *mi hora no ha llegado*. Sin embargo, aquella noche después de la última cena, alzando los ojos al cielo dijo:

«Padre, la hora ha llegado» (Juan 17:1).

Y poco rato después se le escuchó decir:

«Padre, hágase tu voluntad, y no la mía» (Lucas 22:42).

Al día siguiente, ya desfigurado por la golpiza y afligido a más no poder, no abrió su boca, soportó el castigo, cargó el madero, salió resueltamente rumbo al matadero. No solo murió en el día exacto, en el lugar indicado, y a la hora señalada, sino también según la exacta y anticipada descripción de Isaías, incluyendo sus actitudes y sus gestos.

Naturalmente, un cordero cuando lo trasquilan o lo van a matar, muerde sus mandíbulas, y en absoluta mansedumbre no emite queja alguna en el proceso. Así lo había anunciado Isaías respecto al Mesías, así lo cumplió en su persona, mansamente, el Señor Jesucristo.

En Egipto, Dios le había dado indicaciones a Moisés para inmolar el cordero, como si uno sólo tuviese que morir aquella tarde; el pueblo debía sacrificarlo (Éxodo 12:5-6, 47). Mucho tiempo después, Isaías había anunciado que el Cordero de Dios iba a ser *sacrificado por la rebelión de mi pueblo* (Isaías 53:8), y así aconteció. Los principales gobernantes del pueblo y las principales autoridades religiosas, entregaron a muerte al Cordero y ante Pilato forzaron su ejecución. Lo crucificaron como a las nueve de la mañana, ver capítulo 12 de este libro; y como a las tres de la tarde (Marcos 15:33-37), entregó su espíritu, murió.

Consumado es

Se estima que unos 200.000 corderos se sacrificaban en Jerusalén en jornadas como aquellas, pero según las palabras de Éxodo 12 era uno el que la congregación de Israel sacrificaba. Más solemne y estremecedor que nunca, aquella tenebrosa tarde en Jerusalén, llegó el anuncio para sacrificar los corderos; y en simultáneo, a pocos metros en las afueras, era uno sólo el *herido por la rebelión de mi pueblo*, de acuerdo a las palabras de Isaías.

Fue Cordero sujeto a espinas y destinado a la muerte en la misma tierra de Moriah. Fue Hijo de Abraham cargando el madero. Y llegado el momento, el Padre lo desamparó. Jesús puso su vida por nosotros.

Los ángeles no sólo hicieron silencio y se abstuvieron de intervenir, sino que quedaron estáticos de admiración y reverencia. El ángel Gabriel le había entregado al profeta Daniel las profecías de los plazos de las setenta semanas, y los ángeles conocían perfectamente el resto de las Escrituras, de modo que ellos entendían exactamente lo que sucedía. Por eso, creo que en vez de refrenar sus intenciones de defenderlo, más bien deben haber refrenado sus intentos de ovacionarlo.

Desde el mediodía hubo tinieblas sobre la tierra, luego sobrevino un terremoto y hasta se partieron algunas rocas, y ante el estupor de todos en Jerusalén se rasgó el velo del templo desde arriba hacia abajo. A aquel agonizante crucificado se le había oído decir:

«Consumado es» (Juan 19:30).

Y también:

«Padre, en tus manos encomiendo mi espíritu» (Lucas 23:46).

Más tarde, cuando aún su cuerpo colgaba ya muerto en el madero, los soldados romanos con una lanza abrieron su costado, pero no quebraron sus piernas (Juan 19:31-37). Sin saberlo, ellos cumplieron aquella antigua recomendación dada a Moisés, que no debían quebrar ningún hueso del cordero.

Finalmente, en aquel atardecer de Jerusalén, mientras tantos hombres descendían a sus casas cargando sus corderos sacrificados para asarlos y comerlos en la cena familiar con hierbas amargas y panes sin levadura, con una amarga y devastadora angustia, algunos hombres cargaban el cuerpo muerto del *Cordero de Dios* para sepultarlo, sin todavía percatarse que el conjunto de las más grandes profecías de la Biblia estaba terminando de cumplirse en sus más notables aspectos y detalles. Ellos todavía no lo habían comprendido, pero Dios había ejecutado magistrales movimientos sin que ningún humano colaborara a sabiendas o a propósito, sin que nadie se percatara de su jugada maestra.

La obra maestra del Dios del Cielo y de la tierra, la obra maestra del Señor del tiempo y de la eternidad, la obra maestra del Señor de justicia y misericordia, estaba concluyendo. Y el ruido sórdido y pesado de la roca que tapó la entrada de aquella tumba cerró la última escena de aquel drama, pues los impíos dispusieron su sepultura y con los ricos fue en su muerte (Isaías 53:9; Juan 19:31-42).

Las sombras de la noche cayeron sobre Jerusalén, en las afueras quedaba un madero manchado con sangre inocente e inmaculada, y unos pocos pensaban que allí terminaría todo. Pero no fue así.

En aquel madero ensangrentado se había descubierto la inmensidad de nuestra maldad y de nuestro pecado, en aquel madero ensangrentado se había publicado la grandeza de la misericordia y del amor de Dios por nosotros. Dios se había provisto de Cordero.

Como lo habían anunciado Moisés, los profetas y los salmos, todo se había cumplido de manera exacta. Con el respaldo de los textos de Génesis, Éxodo, Levítico, Deuteronomio, Crónicas, Salmos, Isaías, Miqueas, Daniel y Zacarías, y la predicación pública de Juan el bautista, Dios se había provisto de Cordero. Porque ese fue el suyo, impecable, inocente, manso para poder cargar sobre él el pecado de todos nosotros.

Y aunque los romanos y el tiempo desmantelaron el lugar, siglos después, por medio de la fe fundamentada en las Escrituras, yo me puse al amparo de aquel madero y de la sangre derramada del Cordero de Dios. Y hoy estoy seguro de que Dios pasó por alto todo el juicio que sobre mí era justo que cayera. Dios perdonó mis pecados y me dio vida eterna. Las palabras del mismo Señor me lo aseguran:

> «De cierto, de cierto os digo: El que oye mi palabra, y cree al que me envió, tiene vida eterna; y no vendrá a condenación, mas ha pasado de muerte a vida» (Juan 5:24).

Al confiar en Jesucristo, el Cordero de Dios que cargó mis pecados en su cuerpo sobre el madero, tengo perdón, nueva vida terrenal y vida eterna. ¿Y qué de ti?

Yo fui rescatado de mi vana manera de vivir, no con baratijas como oro y plata, sino con la sangre preciosa del Cordero (1 Pedro 1:18-20). ¿Y usted? Por favor piense en esto.

> «He aquí el Cordero de Dios que quita el pecado del mundo» (Juan 1:29).

Le ruego que, personalmente, usted también confíe en él.

CAPÍTULO 7

LA SENCILLA GRANDEZA DE SU RESURRECCIÓN

Caía la tarde del domingo, primer día laboral de aquella semana judía, dos hombres descendían de Jerusalén a Emaús sumergidos en una congoja que no podían ocultar. Y como el tercero que se había unido a ellos en el camino parecía ignorar el motivo de sus angustias, casi con tono de reproche le replicaron:

> «¿Eres tú el único forastero en Jerusalén que no has sabido las cosas que en ella han acontecido en estos días?» (Lucas 24:18).

Se estima que por aquel entonces, casi un millón de judíos subía a Jerusalén al tiempo de pascuas, y por la expresión de ese varón camino a Emaús, deducimos que una buena mayoría se había enterado de la horrenda crucifixión y muerte de aquel que para mucha gente parecía ser el Mesías.

La conversación no terminó allí, enseguida ellos admitieron que ese mismo domingo se habían asombrado de oír a algunas mujeres que al ir al sepulcro no habían hallado el cadáver, y a su regreso relataron que ángeles les dijeron que el Señor había vuelto a vivir. Aquellos varones no dimensionaban en ese momento que esa noticia de la resurrección iba a ser anunciada con absoluta claridad y convicción (a riesgo y a precio de muchas vidas) a miles y millones de personas, en Jerusalén y hasta los más recónditos lugares del planeta.

Unos veinticinco años después, el apóstol Pablo se defendía ante mandatarios romanos y, aprovechando la ocasión, testificándoles de la resurrección de Cristo, dijo:

> «Pues el rey sabe estas cosas, delante de quien también hablo con toda confianza. Porque no pienso que ignora nada de esto; pues no se ha hecho esto en algún rincón» (Hechos 26:26).

Evidentemente, la muerte y resurrección del Señor Jesucristo no es un mito que algunos tramaron en algún rincón. Todo sucedió públicamente en Jerusalén, en lugares verificables, con la interacción de personas reales, como soldados romanos, autoridades romanas, principales del templo, mujeres, discípulos y enemigos de Jesús y su gente, en medio de una de las más grandes convocatorias festivas anuales. Y muchos de los que allí estuvieron desde entonces dedicaron sus vidas para anunciar vez tras vez:

> «A este Jesús resucitó Dios, de lo cual todos nosotros somos testigos» (Hechos 2:32, 3:15).

Pero regresemos, en nuestra consideración del tema, a aquel momento histórico, justo delante de aquella tumba en las afueras de Jerusalén.

No está aquí, pues ha resucitado, como dijo

Aquel jueves 14 de *Aviv*, ellos se habían apurado con la sepultura, pues al atardecer comenzaba el día de reposo solemne, el reposo del día 15 de *Aviv*. José de Arimatea había cedido su propia tumba y junto con Nicodemo y varios sirvientes estaban terminando de envolver el cuerpo muerto de Jesús en lienzos con unos 40 kg de un compuesto de mirra y áloes (Juan 19:38-42). La mirra era una sustancia espesa y gomosa que provenía del tronco de algunos árboles, y los áloes eran fragmentos de madera de mucha fragancia generalmente macerados en polvo.

Los hombres fueron envolviendo el cuerpo desde los pies hasta el cuello, intercalando entre los lienzos esos compuestos aromáticos según la costumbre judía de sepultar. Las mujeres se quedaron mirando atónitas; era tal la turbación emocional que tenían que no recordaron las palabras de Jesús, y con lo mejor de sus corazones decidieron preparar más especies aromáticas y ungüentos para completar de mejor manera la sepultura del cuerpo después del *Shabát* (Lucas 23:54-56).

Pero comenzando en Galilea, el Señor ya les había dicho reiteradas veces que:

«Le era necesario ir a Jerusalén y padecer mucho de los ancianos, de los principales sacerdotes y de los escribas; y ser muerto, y resucitar al tercer día» (Mateo 16:21).

Subiendo a Jerusalén y acercándose los días, fue más claro todavía al decirles:

«He aquí subimos a Jerusalén, y el Hijo del Hombre será entregado a los principales sacerdotes y a los escribas, y le condenarán a muerte; y le entregarán a los gentiles para que le escarnezcan, le azoten, y le crucifiquen; mas al tercer día resucitará» (Mateo 20:18-19).

Pero había sido tan devastador el impacto de verle agredido, desfigurado, muerto y sepultado, que no pudieron recordar aquellas palabras. Se encerraron con espanto, con temor a correr igual suerte y sólo las mujeres más cercanas se atrevieron al amanecer del tercer día a ir a la tumba para terminar sus funerales.

«Pasado el día de reposo, al amanecer del primer día de la semana, vinieron María Magdalena y la otra María, a ver el sepulcro. Y hubo un gran terremoto; porque un ángel del Señor, descendiendo del cielo y llegando, removió la piedra, y se sentó sobre ella. Su aspecto era como un relámpago, y su vestido blanco como la nieve. Y de miedo de él los guardas temblaron y se quedaron como muertos. Mas el ángel, respondiendo, dijo a las mujeres: No temáis vosotras; porque yo sé que buscáis a Jesús, el que fue crucificado. No está aquí, pues ha resucitado, como dijo. Venid, ved el lugar donde fue puesto el Señor. E id pronto y decid a sus discípulos que ha resucitado

de los muertos, y he aquí va delante de vosotros
a Galilea; allí le veréis. He aquí, os lo he dicho»
(Mateo 28:1-7).

El Señor había resucitado triunfante de entre los
muertos al amanecer de aquel domingo en Jerusalén.
Y enseguida se manifestó vivo, pero sólo a los suyos,
unos tras otros, en el orden y forma que él quiso; primero a aquellas mujeres, luego a Pedro, a Juan, a los
otros discípulos, a Tomás, a Jacobo y después a más
de quinientos hermanos a la vez. Lo vieron, comió
con ellos, lo pudieron tocar, conversó con ellos, les
explicó las Escrituras y pudieron comprenderlas
como nunca antes. Se habían cumplido sus palabras
y las Escrituras antiguas.

La señal de Jonás

Llama la atención enterarnos que en la mañana
siguiente a su sepultura, los fariseos se habían reunido con los principales sacerdotes, y juntos le habían
pedido a Pilato asegurar el sepulcro. Ellos sí recordaron las palabras del Señor.

> «Al día siguiente, que es después de la preparación, se reunieron los principales sacerdotes
> y los fariseos ante Pilato, diciendo: Señor, nos
> acordamos que aquel engañador dijo, viviendo
> aún: después de tres días resucitaré. Manda,
> pues, que se asegure el sepulcro hasta el tercer
> día, no sea que vengan sus discípulos de noche,
> y lo hurten, y digan al pueblo: resucitó de entre
> los muertos. Y será el postrer error peor que el

primero. Y Pilato les dijo: Ahí tenéis una guardia; id, aseguradlo como sabéis. Entonces ellos fueron y aseguraron el sepulcro, sellando la piedra y poniendo la guardia» (Mateo 27:62-66).

Unos meses atrás, estando aún en Galilea, varias veces habían venido delante del Señor Jesús y le habían apremiado reclamándole una señal del cielo. Pero él no hizo descender fuego ni les bajó ángeles, sino que les prometió una señal mayor:

«Entonces respondieron algunos de los escribas y de los fariseos, diciendo: Maestro, deseamos ver de ti señal. Él respondió y les dijo: La generación mala y adúltera demanda señal; pero señal no le será dada, sino la señal del profeta Jonás. Porque como estuvo Jonás en el vientre del gran pez tres días y tres noches, así estará el Hijo del Hombre en el corazón de la tierra tres días y tres noches» (Mateo 12:38-40; 16:1-4).

Recordando entonces aquellas palabras, los principales sacerdotes y los fariseos tomaron los recaudos para asegurarse de que los discípulos de Jesús no se robaran el cadáver y dijeran que había resucitado. De modo que recurrieron a la autoridad y seguridad romana en Jerusalén. Pilato les concedió una guardia romana, y con los soldados aseguraron el sepulcro; pusieron sello romano sobre la roca de entrada, y establecieron turnos de guardia.

La roca, dado que cubría la entrada, debe haber pesado no menos de dos toneladas. Posiblemente le cruzaron algunas sogas por delante y puesto sobre ellas el sello romano estampado sobre arcilla o cera. De modo que el que pretendiese correr la roca rompería el sello, incurriendo en un delito contra la autoridad romana.

Las guardias romanas constaban de varios soldados armados y alertas, que se turnaban para la custodia, a riesgo de su propia vida si fallaban (Hechos 12:4, 18-19).

Al fin y al cabo, sus enemigos no se dieron cuenta que los recaudos que habían tomado para asegurarse de que nadie tocara el lugar por tres días, terminarían siendo evidencias de que absolutamente ningún ser humano finalmente lo tocó.

Pasados los reposos, así se lee en Mateo 28:1 en el griego del Nuevo Testamento, luego de tres noches y al amanecer del tercer día, se produjo un temblor, un ángel sacó la piedra del lugar, con inusitada fuerza la puso aparte y se sentó sobre ella. Luego habló amablemente a las mujeres para mostrarles que Jesús ya había resucitado. Los soldados quedaron atónitos, casi petrificados de terror; y en cuanto pudieron, algunos de ellos salieron corriendo para contar lo sucedido a los principales del templo y evitar que los ejecutasen. Sin saberlo, les avisaron personalmente que se había cumplido la anunciada *señal de Jonás*. ¡Era señal para ellos!, para los sacerdotes, los escribas y fariseos del templo.

Y ellos se enteraron, incluso minutos antes que los discípulos de Jesús, que había sucedido tal como el Señor se los había dicho. El Señor les daba entonces una nueva oportunidad y un nuevo testimonio para creerle, pero lamentablemente ellos la despreciaron y se empecinaron en mentir abiertamente (Mateo 28:11-15).

Dios es fiel a su palabra, aunque muchos no lo perciban o se opongan. El Señor cumple su palabra, aún a sus enemigos. En aquella mañana, había cumplido la que oportunamente llamara: *la señal de Jonás.*

Cristo, las primicias

Pasados los reposos, al amanecer de la mañana del domingo se levantó triunfante de entre los muertos, al momento en que el sacerdote presentaba *las primicias* en el templo, tal como estaba escrito por Moisés:

«Y habló Jehová a Moisés, diciendo: Habla a los hijos de Israel y diles: Cuando hayáis entrado en la tierra que yo os doy, y seguéis su mies, traeréis al sacerdote una gavilla por primicia de los primeros frutos de vuestra siega. Y el sacerdote mecerá la gavilla delante de Jehová, para que seáis aceptos; el día siguiente del día de reposo la mecerá. Y el día que ofrezcáis la gavilla, ofreceréis un cordero de un año, sin defecto, en holocausto a Jehová.

Su ofrenda será dos décimas de efa de flor de harina amasada con aceite, ofrenda encendida a Jehová en olor gratísimo; y su libación será de vino, la cuarta parte de un hin. No comeréis pan, ni grano tostado, ni espiga fresca, hasta este mismo día, hasta que hayáis ofrecido la ofrenda de vuestro Dios; estatuto perpetuo es por vuestras edades en dondequiera que habitéis» (Levítico 23:9-14).

En aquel día, Cristo fue *las primicias* de la resurrección de los muertos, luego nosotros seremos resucitados en su venida (1 Corintios 15:20-23).

Ciertamente, al tercer día, de acuerdo a 1 Corintios 15:4, y conforme a las Escrituras, ver capítulo 13, Cristo se levantó de entre los muertos. En ningún lugar del Antiguo Testamento se anunciaba de manera específica que sería al tercer día, pero en cumplimiento de la fiesta levítica de las primicias, y luego de la secuencia de los dos reposos, Cristo resucitó al tercer día *conforme a las Escrituras* (1 Corintios 15:4). De modo que, Cristo fue *Cordero* para pascuas y en su resurrección fue *las primicias*. No por casualidad leemos en Hechos 6:7 que muchos sacerdotes del templo en los meses siguientes fueron obedeciendo a la fe. Ellos constataron fehacientemente todo lo ocurrido y, aún al costo de perder su sustento personal y familiar que provenía del sistema del templo, llegaron a declarar públicamente su fe en Jesús como Mesías de Israel. Es que habían encontrado, sin la más mínima duda, a aquel anunciado por Moisés, los profetas y los salmos.

Destruid este templo, y en tres días lo levantaré

El poder macabro y corrupto de los sumo sacerdotes Caifás y Anás, sus familiares y los sacerdotes acomodados a su régimen, había hecho descargar un castigo demoledor contra Jesús, había logrado que arremetiese contra él toda la fuerza de los soldados romanos, y había logrado que lo quitaran de en medio mediante la pena capital de aquellos días.

Había sido una agresión contra la persona del Señor absolutamente injusta y desmedida, violando todos los derechos judíos, todos los derechos y garantías de la justicia romana, y todos los derechos humanos habidos y por haber. Todo había terminado en una ejecución denigrante y terrible que públicamente, lo mostró desfigurado, desamparado y totalmente destruido.

No obstante, hacía ya tiempo que él había asegurado con tono manso de desafío:

«Destruid este templo, y en tres días lo levantaré» (Juan 2:19).

Y una vez que:

«Resucitó de entre los muertos, sus discípulos se acordaron que había dicho esto; y creyeron la Escritura y la palabra que Jesús había dicho» (Juan 2:22).

Dios no dejó su alma en el Seol ni permitió que su carne viera corrupción (Salmo 16). Y *según el poder de una vida indestructible* se levantó para heredar y establecer un sacerdocio distinto, nuevo, digno, perfecto y que perdurará para siempre (Hebreos 7:11-28). Dios lo declaró sumo sacerdote según el orden de Melquisedec, como estaba anunciado en el Salmo 110.

El desamparado del Salmo 22, en realidad fue oído por Jehová y fue resucitado. A futuro regirá las naciones, se postrarán ante él, la posteridad le servirá. Esto se contará de Jehová hasta la postrera generación (Salmo 22:22-31).

El desechado y desfigurado de Isaías 53, será engrandecido y exaltado, y será puesto muy en alto. Ha de asombrar a las naciones y la voluntad de Jehová será en su mano prosperada (Isaías 52:13–53:12).

Después de todo lo sucedido, recién entonces los discípulos se acordaron y creyeron. ¿Y nosotros?

Toda Jerusalén lo supo, todo el mundo debe saberlo

Durante cuarenta días el Señor resucitado fue apareciendo ante ellos para enseñarles todo lo que de él estaba escrito por Moisés, los profetas y los salmos. Fue un curso intensivo que entonces sí, los discípulos pudieron comprender, una cátedra magnífica que finalmente marcó sus vidas para siempre. Y después, desde el monte de los Olivos fue ascendido al cielo, no sin antes recomendarles que permanecieran en Jerusalén esperando el Espíritu Santo de la promesa (Hechos 1).

En cumplimiento de la cuarta fiesta anunciada en orden en Levítico 23, en la mañana de la fiesta de *Shavuót* (Pentecostés), vino sobre aquellos ciento veinte el Espíritu Santo. Fue al tiempo adecuado para recibir, por decisión y promesa de Dios, la persona del Espíritu Santo y el poder prometido para ser testigos del Señor Jesús en Jerusalén, en toda Judea, en Samaria, y hasta lo último de la tierra.

Gran cantidad de judíos procedentes de diversos y distantes lugares estaban aquella mañana en Jerusalén. Miles y miles escucharon la exposición del Salmo 16 por parte de Pedro. Aquel pescador de

Galilea disfrutaba un profundo gozo y sentido de reivindicación al predicar en las calles de Sión, y repetidas veces se le escuchó proclamar:

«A este Jesús resucitó Dios, de lo cual todos nosotros somos testigos» (Hechos 2:32).

No dejaron correr mucho tiempo los principales del templo y apresaron a Pedro y Juan. En realidad, a pocos días ya no podían soportar que Pedro siguiese proclamando:

«Vosotros negasteis al Santo y al Justo, y pediste que se os diese un homicida, y matasteis al Autor de la vida, a quien Dios ha resucitado de los muertos, de lo cual nosotros somos testigos» (Hechos 3:14-15).

Los encarcelaron por una noche, y en la mañana siguiente, reunidos a pleno, los confrontaron por lo que estaban haciendo en Jerusalén. Nadie de aquella cúpula de hombres necios quedó sin enterarse que, al que ellos habían crucificado, Dios lo había resucitado de los muertos (Hechos 4:9-12).

Pasados unos días, por segunda vez los apresaron e intimidaron, pero no hicieron más que generar una nueva ocasión para que ellos siguieran predicando, pues:

«Respondiendo Pedro y los apóstoles, dijeron: Es necesario obedecer a Dios antes que a los hombres. El Dios de nuestros padres levantó a Jesús, a quien vosotros matasteis colgándole en un madero. A éste, Dios ha exaltado con su diestra por Príncipe y Salvador, para dar a Israel arrepentimiento y perdón de pecados. Y nosotros somos testigos suyos de estas cosas, y también el Espíritu Santo, el cual ha dado Dios a los que le obedecen. Ellos, oyendo esto, se enfurecían y querían matarlos» (Hechos 5:29-33).

De hecho, tiempo después mataron a Esteban en Hechos 7, y un varón llamado Saulo, con autoridad y vehemencia, persiguió y dispersó a miles de creyentes. Pero curiosamente, aquel varón de Tarso no pudo resistirse en su encuentro con el Señor y la verdad; y con una vida transformada, fue él a quien Dios utilizó para llevar el mismo mensaje a vastas regiones del imperio romano.

Unos catorce años después, en la sinagoga de Antioquía de Pisidia, Pablo resumió un preciso informe de lo sucedido en Jerusalén con el Mesías, y concluyó:

«Más aquel a quien Dios levantó, no vio corrupción. Sabed, pues, esto, varones hermanos: que por medio de él se os anuncia perdón de pecados, y que de todo aquello de que por la ley de Moisés no pudisteis ser justificados, en él es justificado todo aquel que cree» (Hechos 13:37-39).

Ciertamente, aquel gran apóstol Pablo, sumergido en una convicción y una pasión inextinguible, dedicó hasta el último aliento de su vida a la enseñanza profunda de la palabra de Dios; sin jamás dejar de anunciar el simple e idéntico mensaje básico, ciudad por ciudad a donde iba:

«Pasando por Anfípolis y Apolonia, llegaron a Tesalónica, donde había una sinagoga de los judíos. Y Pablo, como acostumbraba, fue a ellos, y por tres días de reposo discutió con ellos, declarando y exponiendo por medio de las Escrituras, que era necesario que el Cristo padeciese, y resucitase de los muertos; y que Jesús, a quien yo os anuncio, decía él, es el Cristo. Y algunos de ellos creyeron, y se juntaron con Pablo y con Silas; y de los griegos piadosos gran número, y mujeres nobles no pocas» (Hechos 17:1-4).

¿Crees tú, estimado lector? Yo sé que crees a los profetas, yo sé que ahora entiendes que todo aquello no se hizo en algún rincón, ahora sabes que todo se cumplió de manera precisa. Muchos sacerdotes del templo en Jerusalén entendieron, creyeron, se jugaron. También el mensaje llegó, paso a paso, a las naciones. Y desde entonces hasta hoy, muchísimos creímos.

Ahora también llegó a tu vida. Dios te ofrece perdón en la persona y obra de Jesucristo.

Por favor, recibe al Señor Jesucristo por la fe como tu salvador personal. Y si ya lo has recibido, ¿no crees que deberíamos dar nuevos pasos para seguir anunciándolo?

CAPÍTULO 8

RESCATADOS PARA SEGUIR SUS PISADAS

En presencia de muchos discípulos, el Señor fue elevado desde el monte de los Olivos; se fue (Hechos 1:1-14). Tal como estaba previamente anunciado en las Escrituras, por determinación de Jehová Dios, el Señor fue exaltado hasta lo sumo y se sentó a la diestra de la Majestad en las alturas (Salmo 110).

El Señor, de acuerdo a lo que nos prometió, fue a prepararnos lugar en la gloria y pronto vendrá a buscarnos para llevarnos al cielo, a la Jerusalén celestial. Después volverá a este mundo, será Rey, será Juez.

Pero, ¿acaso somos los cristianos simples soñadores de un futuro extraordinario y descuidados pasajeros de la vida en este mundo actual, en la vida terrenal?

De ninguna manera. El Señor nos ha dejado un legado para que seamos mejores personas hoy en día, con un vivir más sano, con paz, esperanza, sobriedad y sabiduría. Los cristianos debemos ser caballeros de otra talla, insólitos y poco frecuentes por aquí; hombres y mujeres que no se cansan de hacer el bien, que consideran un honor anunciar al Señor y hasta sufrir por su causa.

¡Nuestra pascua ya fue sacrificada!, vivamos ahora sin levadura

Los primeros cristianos de Corinto, en buena cantidad procedían de la sinagoga judía; muchos eran judíos convertidos (Hechos 18:1-17) y al ser conocedores de las Escrituras antiguas entendían muy bien el lenguaje de Pablo. Por otro lado, ya en este libro hemos considerado la primera pascua en Éxodo 12 y la fiesta de pascuas en Levítico 23:4-8. De modo que nosotros también podemos comprender el marco y el sentido de esta exhortación de Pablo a aquellos creyentes:

> «Limpiaos, pues, de la vieja levadura, para que seáis nueva masa, sin levadura como sois; porque nuestra pascua, que es Cristo, ya fue sacrificada por nosotros. Así que celebremos la fiesta, no con la vieja levadura, ni con la levadura de malicia y de maldad, sino con panes sin levadura, de sinceridad y de verdad» (1 Corintios 5:6-8).

En principio, Pablo hacía referencia al ritual hogareño de limpiar toda la casa judía alumbrando cada habitación y preguntando si todavía quedaban vestigios de impurezas. Iluminaban, limpiaban, se aseguraban de que todo quedase absolutamente pulcro, sin vestigios de levadura, tal como la ley de Dios lo demandaba. Por siete días, desde el 14 de *Aviv* por la tarde, no debía haber levadura en sus casas, era la fiesta de los panes sin levadura (Éxodo 12:18; Levítico 23:6-8).

Pero Pablo hace un giro en su redacción, y llama a los creyentes cristianos a limpiar nuestras propias vidas, para ser nueva masa, sin levadura. La levadura vieja, en el contexto de los corintios, era malicia, maldad, impureza carnal, jactancia que incluso los había llevado a tolerar un grave pecado público de un miembro de la iglesia.

Para el Señor en su enseñanza, la levadura fue símbolo de la mala doctrina religiosa impuesta por un corazón falso e hipócrita (Mateo 16:6, 12), y para Pablo escribiendo a los Gálatas, la levadura era una mala persuasión, una corriente errónea de doctrina que se infiltraba y estorbaba la buena formación de los cristianos (Gálatas 5:7-9).

En otra ocasión, el Señor en su enseñanza equiparó la levadura a la hipocresía y mala motivación del corazón de algunos religiosos (Lucas 12:1). En otro momento comparó la levadura al proceder de Herodes, con su orgullo, mundanalidad y ostentación (Marcos 8:15). Y también la vinculó a la incredulidad de los racionalistas de aquellos días (Mateo 16:6).

Dios, luego de pasar por alto el juicio en nuestras vidas y descargarlo sobre el Cordero, nos sacó de la esclavitud del pecado para peregrinar por este mundo viviendo vidas limpias y transformadas. Nuestra nueva vida cristiana entonces debe ser en pureza, sinceridad y verdad; limpiándonos de malicia, fornicación, hipocresía, orgullo. Cristo fue nuestra pascua, nuestro Cordero que ya fue sacrificado, ahora debemos vivir una vida cristiana limpia prefigurada en los siete días de la fiesta de los panes sin levadura.

Celebremos la nueva vida que Dios nos ha dado, que en gran medida es una fiesta, pero celebrémosla *sin levadura*. Caminemos ahora por la vida con la mirada puesta en las cosas de arriba y en la ciudad por venir, la Jerusalén de arriba; pero caminemos *sin aquella vieja levadura*, y entendiendo que el segmento de siete días de la fiesta antigua, del día 15 al día 21 de *Aviv*, era una figura de nuestra transitoria vida terrenal. Vivamos ahora con total responsabilidad y limpieza hasta que él nos venga a buscar.

Rescatados de vuestra vana manera de vivir, conducíos en temor

Es notable cómo el Señor Jesús hizo de aquel pescador de Galilea llamado Pedro, un pescador de hombres, un gran predicador de las calles de Jerusalén, una columna de la iglesia en esa ciudad tan particular, un preocupado pastor de las ovejas de Israel y hasta un refinado y profundo escritor. Nos admira su desarrollo como siervo del Señor, aún cuando sus ovejas fueron dispersas por diferentes regiones y tuvo que escribirles para fortalecerles a la altura de su dignidad e inmersos en un medio hostil.

Fue así que, preocupado en lograr que aquellos judíos creyentes de la dispersión tuvieran *una buena manera de vivir entre los gentiles* (1 Pedro 1:15, 18; 2:12), Pedro planteó el argumento de su primera epístola por lo menos sobre dos pilares básicos: un paralelo a las experiencias de aquellos redimidos de Egipto y el ejemplo de la conducta del Cordero de Dios. Utilizando muchos términos históricos y judaicos, imágenes verbales que les ilustrarían más que muchas disertaciones, les decía:

«Como hijos obedientes, no os conforméis a los deseos que antes teníais estando en vuestra ignorancia; sino, como aquel que os llamó es santo, sed también vosotros santos en toda vuestra manera de vivir; porque escrito está: Sed santos, porque yo soy santo. Y si invocáis por Padre a aquel que sin acepción de personas juzga según la obra de cada uno, conducíos en temor todo el tiempo de vuestra peregrinación; sabiendo que fuisteis rescatados de vuestra vana manera de vivir, la cual recibisteis de vuestros padres, no con cosas corruptibles, como oro o plata, sino con la sangre preciosa de Cristo, como de un cordero sin mancha y sin contaminación, ya destinado desde antes de la fundación del mundo, pero manifestado en los postreros tiempos por amor de vosotros, y mediante el cual creéis en Dios, quien le resucitó de los muertos y le ha dado gloria, para que vuestra fe y esperanza sean en Dios» (1 Pedro 1:14-21).

El pueblo antiguo había vivido en esclavitud y en ignorancia en Egipto, pero Dios en su infinito amor lo adoptó como hijo, como primogénito. Bajo el mando de Moisés le creyeron a Dios y fueron obedientes, procedieron puntualmente como Dios les había indicado, con el cordero, con la sangre en los maderos de sus puertas, con la cena de pascuas. El juicio pasó por alto sus casas y Dios los sacó a la libertad, para que peregrinaran hasta encontrarse con él en el Sinaí y con su santidad expresada en el libro de Levítico, para finalmente llevarlos de la mano a la tierra que les había prometido.

Por aquellos días, los judíos cristianos contemporáneos de Pedro, dispersos por el imperio romano, debían caminar por la vida recordando el gran amor de Dios, por el cual los había hecho sus hijos y que como tales debían responderle en obediencia. Debían hacer morir los malos deseos que antes tenían, andando en ignorancia y desconociendo al Dios verdadero. Debían aceptar el desafío de conocer al Dios Santo y caminar con él y en sus demandas de santidad, recordando siempre que habían sido rescatados, redimidos, de su vacía manera de vivir, con el altísimo precio de la sangre derramada por el Cordero de Dios en el madero de la cruz romana. Dios había resucitado al Cordero, le había dado gloria, y hacia ella iban porque les había hecho partícipes de su herencia. De modo que ahora sus vidas estaban ancladas y centradas en la fe y en la esperanza en el Dios verdadero, a quien ahora conocían en franca comunión. Debían conducirse por la vida con un sano temor reverencial a Dios, ese fuego que les ponía límites y le daba dirección a su peregrinación terrenal, porque Dios tuvo a bien involucrarse con ellos públicamente.

Y ahora nosotros también, de la misma manera, habiendo sido renacidos para una esperanza viva, y habiendo sido rescatados de nuestra vacía manera de vivir por la sangre preciosa del Cordero, debemos conducirnos en el temor de Dios durante nuestra transitoria vida terrenal; en la santidad que Dios nos marca en su palabra escrita, como pueblo de Dios entre las naciones, sin cansarnos de hacer el bien, y siguiendo las pisadas del Señor Jesús.

Para seguir sus pisadas

Pedro podía decir: *Yo estuve allí, yo fui testigo de su ejemplo extraordinario de vida y conducta.* Aquel apóstol había observado por años la conducta intachable del Señor Jesús, y el día de su crucifixión fue testigo presencial y muy cercano de toda su manera de proceder y reaccionar bajo las exigencias más injustas y extremas.

Después, por meses y por años, fue predicador y pastor en Jerusalén, sufriendo la presión y persecución de los mismos que habían matado al Señor. Pedro conservaba los mismos ideales, pero ya no era aquel joven impulsivo, de hablar apresurado que a veces se equivocaba sino que era por entonces un hombre enteramente preparado para la predicación, la enseñanza y el pastorado; un siervo del Señor Jesucristo capacitado para soportar la adversidad, un pastor apto para llamar la atención de sus ovejas, aquellos judíos cristianos desarraigados, abrumados y presionados por su fe, y decirles:

«Porque esto merece aprobación, si alguno a causa de la conciencia delante de Dios, sufre molestias padeciendo injustamente. Pues ¿qué gloria es, si pecando sois abofeteados, y lo soportáis? Mas si haciendo lo bueno sufrís, y lo soportáis, esto ciertamente es aprobado delante de Dios. Pues para esto fuisteis llamados; porque también Cristo padeció por nosotros, dejándonos ejemplo, para que sigáis sus pisadas; el cual no hizo pecado, ni se halló engaño en su boca; quien cuando le maldecían, no respondía con maldición; cuando padecía, no amenazaba, sino encomendaba la causa al que juzga justamente; quien llevó él mismo nuestros pecados en su cuerpo sobre el madero, para que nosotros, estando muertos a los pecados, vivamos a la justicia; y por cuya herida fuisteis sanados. Porque vosotros erais como ovejas descarriadas, pero ahora habéis vuelto al Pastor y Obispo de vuestras almas» (1 Pedro 2:19-25).

El Señor había sido abofeteado haciendo el bien, había sufrido injustamente y lo había soportado; y nosotros somos llamados a comportarnos de idéntica manera. Debemos resolver renunciar al pecado, a la mentira y al engaño. Si alguien nos maldice no debemos responder con palabras maldicientes o insultos. Si padecemos no debemos responder con palabras amenazantes, antes bien debemos orar por los que nos acosan o agreden, y encomendar la causa a Dios. Somos llamados a vivir en justicia y mansedumbre, pues Dios ha sanado nuestras heridas espirituales y emocionales. Éramos ovejas descarriadas, según Isaías 53, cada cual se había apartado por su propio camino rumbo al desastre, pero él vino a buscarnos y salvarnos, y hemos vuelto al Pastor de nuestras almas. Ahora, ante el desafío de sufrir (si fuese necesario) por su nombre y por su causa, tenemos un notable ejemplo para seguir sus pisadas, para saber cómo proceder y cómo reaccionar en la vida.

Creer, adorar, obedecer, y crecer

Los judíos en Egipto le creyeron a Dios, en aquel mismo día que los convocó por primera vez en Éxodo 12. Le creyeron, y después de oír minuciosamente todo lo que él haría, le adoraron por anticipado (Éxodo 12:27-28). Con el correr de los días le obedecieron cabalmente, hicieron puntualmente como se les había indicado. El Señor se hizo cargo del resto, es decir, llevó a cabo todo lo que ellos no podían hacer. Los libertó de una manera excepcional, los hizo caminar hasta encontrarse con él en el Sinaí y desde allí conducirlos hacia lo prometido.

De manera similar, nosotros, los creyentes de hoy en día, estamos peregrinando por este mundo. Hemos dejado atrás el madero ensangrentado en Jerusalén y nos encaminamos hacia la gloria celestial del Cordero. Tanto la cruz como la gloria futura son obra del Señor, pero mientras tanto, es nuestra la responsabilidad de caminar; caminar limpios, con el propósito de agradarle, en esperanza viva, obedeciendo la voluntad de Dios, como embajadores de Dios en este mundo y como emisarios del cielo.

Como pueblo de Dios debemos creerle todos los días, adorarle, obedecerle, crecer, decidir no vivir el tiempo que resta en la carne, conforme a las concupiscencias de los hombres, sino conforme a la voluntad de Dios (1 Pedro 4:2). Y como siervos del

Señor, también debemos vivenciar el proceso de crecer, desarrollarnos en nuestro ministerio. Como Moisés, hombre del desierto, al principio casi olvidado; hombre que Dios levantó para una gran misión y para escribir una obra magnífica: el Pentateuco. Como Pedro, que no se quedó contando anécdotas de Galilea, sino que, como dijimos, fue predicador, pastor, escritor y esforzado viajero que ministró por lo menos en Corinto (1 Corintios 1:12), en Antioquía (Gálatas 2:11) y terminó sus días en Roma.

Seguro que los zapatos de estos hombres nos quedan grandes, pero son ejemplos para nosotros, referentes de ayer y de siempre. Yo no sé cuál es tu Galilea, tu punto de partida, pero sé que Dios tiene una proyección personal para ti. Encuéntrate con el Señor, conócele y obedece su palabra escrita, él te conducirá y desarrollará de manera única y personal.

Honra al Cordero Admirable, sigue sus pisadas; y como sus sencillos pero fieles siervos hicieron, decide servirle para siempre.

CAPÍTULO 9

LA GLORIA ETERNA DEL CORDERO

En aquel entonces el pueblo se inclinó y adoró por la grandiosa obra que Dios había emprendido en Egipto (Éxodo 12:27-28). Catorce días antes creyeron que la sangre del cordero los ampararía del juicio y que Dios los libraría de Egipto, entonces se inclinaron y adoraron. ¡Cuánto más nosotros hoy debemos llevar una vida de adoración y servicio a Dios y al Cordero! ¡Él ya fue sacrificado por nosotros, tal como lo indicaban de manera exacta las Escrituras hebreas! Y con la misma certeza en las mismas Escrituras aguardamos su manifestación gloriosa.

Curiosamente, aunque rastreamos su persona y su sacrificio desde Génesis, el libro que más veces menciona al Cordero es Apocalipsis. Prolijamente entrelazado a los anuncios de los profetas y los salmos, y avanzando en una revelación extraordinaria, el Apocalipsis corre el telón de los tiempos y nos permite ver el accionar futuro del Cordero. Por su dignidad será el único calificado para abrir los sellos de aquel libro en el cielo, por su mansedumbre será el único apto para ejecutar la justa ira de Dios sobre la tierra. Por su justicia, su esplendor y su belleza, y por ser el autor de una salvación tan grande, será adorado en los lugares celestiales, en distintos actos especiales de descollante magnificencia, y por toda la eternidad.

La iglesia en el cielo adorará al Cordero

En Apocalipsis 5, en el cielo nadie será digno de tomar aquel rollo y llevar a cabo la apertura de los sellos para dar inicio a los juicios sobre la tierra de la semana setenta de Daniel 9; nadie excepto uno, el León de la tribu de Judá, que en su primer descenso a la tierra fue Cordero por nuestros pecados. Él se adelantará para tomar el rollo y todos los allí presentes le adoraremos como Redentor. Él es digno de toda nuestra adoración, porque él nos rescató de los juicios que él mismo autorizará ejecutar sobre el mundo entero y sus rebeldes. Es el único digno de abrir los sellos y ejecutar juicios de purificación sobre su propiedad, la tierra. Es el único digno de ejecutar acciones de castigo contra rebeldes que al presente la usurpan y ocupan, enemigos acérrimos a quienes en su regreso destruirá por completo para tomar posesión de ella. Queda claro universalmente que no hay otro digno de abrir el rollo, y ni siquiera mirarlo.

Juan giró para ver al único digno y vio en el centro de la escena al Señor Jesucristo como Cordero inmolado. Lo vio de pie, como corderito que había sido degollado (ésa parece ser la idea más adecuada en traducción). El Señor avanzará, tomará el rollo de la mano derecha de aquel sentado en el Trono, y su acción provocará admiración, devoción, reconocimientos y cánticos de alabanzas.

Los cuatro seres vivientes y los veinticuatro ancianos se postrarán delante del Cordero. Todos con arpas para acompañar el cántico y con copas de incienso que representarán las oraciones de los santos acumuladas en el cielo (Apocalipsis 5:1-14). Y llegado el momento, ellos y la iglesia toda entonaremos un cántico nuevo, alabanzas y adoración al Cordero.

Sólo los sacerdotes podían ofrecer incienso en la antigüedad y estos veinticuatro ancianos tienen copas de oro llenas de incienso que indican su sacerdocio. Ellos cantarán que son redimidos del Cordero de Dios, lo cual nos asegura que no son ángeles sino hombres, pues Dios no proveyó redención para ángeles. Estos veinticuatro hombres serán de todo linaje, lengua, pueblo y nación, por lo tanto no serán los judíos del Antiguo Testamento; y al ser de diferentes naciones e idiomas lo más acertado es pensar que son ancianos de *la iglesia*. Dicen ser reyes y sacerdotes, oficios exclusivos de seres humanos, y más todavía, necesariamente deben ser redimidos del nuevo pacto, porque bajo la ley del antiguo pacto los oficios de rey y sacerdote eran incompatibles (2 Crónicas 26:16-21). Es más, en el Nuevo Testamento el Rey de reyes es a la vez sumo sacerdote, y nosotros, la iglesia, somos y seremos por la gracia de Dios, reyes y sacerdotes.

En Apocalipsis 5:11-12, millones de ángeles se sumarán al reconocimiento de la dignidad del Cordero.

Ya Daniel había visto en su visión estos millones de ángeles en Daniel 7:10. Estos millones de millones de ángeles se sumarán a los cuatro seres vivientes y a los veinticuatro ancianos para proclamar que el Cordero es digno de tomar el poder, las riquezas, la sabiduría, la fortaleza, la honra, la gloria y la alabanza. Y en Apocalipsis 5:13-14 toda la creación se sumará para declarar y publicar la dignidad del Cordero, pues él y sólo él librará a la creación de la esclavitud de corrupción y establecerá la libertad gloriosa de los hijos de Dios (Romanos 8:19-21). ¡Amén!

La ira y la gran victoria del Cordero (Apocalipsis 6; 17:14)

En la apertura del sexto sello, a Juan se le permitió observar escenas catastróficas sobre cielo y tierra, momentos de pánico y desesperación en las personas que, reconociendo que al fin habrá llegado la ira de Dios sobre ellos, tratarán de huir por cualquier medio hacia cualquier parte.

En aquel entonces en la tierra acontecerá un terremoto sin par, sin antecedente similar, que afectará a todo el planeta, a toda montaña y a toda isla, sumado a maremotos que harán rugir el mar, más sumado a una lluvia de asteroides, el sol se oscurecerá y la luna se pondrá como sangre (Isaías 2:10-22, 13:9-13; Joel 2:30-31; Mateo 24:29; Lucas 21:11, 25-26; Apocalipsis 16:17-21).

Estas catástrofes sin precedentes serán para castigar al mundo por su maldad, para hacer cesar la arrogancia de los soberbios y para abatir la altivez de los fuertes. Leyendo Apocalipsis 6:15-17 comprendemos que estos juicios catastróficos cumplirán los propósitos de Dios.

«El que invocare el nombre del Señor será salvo» (Joel 2:32).

Pero la mayoría buscará huir de las catástrofes y esconderse de la ira del Cordero, y muchos hasta blasfemarán contra Dios (Apocalipsis 16:21). A los ricos no les servirán sus riquezas para escapar a alguna mansión con seguridad, ni a los poderosos les alcanzará el poder para refugiarse en algún bunker inalcanzable, ni a los reyes les alcanzarán sus poderes y determinaciones para evitar las consecuencias. Todos, incluyendo todas las personas comunes, huirán a esconderse en cuevas en las montañas, evidentemente porque las terribles olas del mar arrasarán las grandes ciudades costeras e inundarán las llanuras de diferentes continentes.

La humanidad habrá llegado al extremo inconcebible de provocar a ira al ser más manso del universo, al que sufrida y silenciosamente puso su vida en sacrificio de cruz por nuestros pecados; habrá llegado al punto increíble de provocar la justa y santa ira del Cordero. De manera que los sellos que abrirá el Señor desplegando el rollo, son una semblanza de la revelación de los juicios de Dios para los siete años de la tribulación. Con la apertura del primero se manifestará el anticristo, los siguientes sellos son un recorrido rápido por las calamidades que vendrán sobre la gente, y finalmente, el sexto sello muestra un anticipo de la consumación de la ira de Dios sobre el mundo. La apertura del séptimo sello en Apocalipsis 8:1, luego del paréntesis del capítulo 7, dará lugar a otra serie de solemnes anuncios de nuevos juicios de Dios sobre el mundo entero.

El contenido del capítulo 7, es un paréntesis dentro del proceso de apertura de los siete sellos. Y creo que es la respuesta de Dios a la oración de Habacuc:

> «...en la ira, acuérdate de la misericordia» (Habacuc 3:2).

Pero el punto culminante de la maldad humana lo tramarán los diez reyes que gobernarán el mundo en la tribulación, que le darán el poder al anticristo y tramarán resistir al Cordero en su segunda venida (Daniel 7).

> «Y los diez cuernos que has visto, son diez reyes, que aún no han recibido reino; pero por una hora recibirán autoridad como reyes juntamente con la bestia. Éstos tienen un mismo propósito, y entregarán su poder y su autoridad a la bestia. Pelearán contra el Cordero, y el Cordero los vencerá, porque él es Señor de señores y Rey de reyes; y los que están con él son llamados y elegidos y fieles» (Apocalipsis 17:12-14).

Dejando atrás las glorias y honores celestiales, el Cordero vencerá a sus enemigos en su regreso a Jerusalén. Será entonces su triunfo sobre todos sus oponentes a su regreso en gloria para reinar en el mundo.

Los salvos de la tribulación y su tributo al Cordero (Apocalipsis 7:9-17; 15:1-4)

El Apocalipsis 7 nos indica que 144.000 varones judíos llevarán la palabra de Dios a todo el mundo durante la tribulación, como así también nos presenta una multitud incontable de personas salvas en el cielo, de toda tribu, pueblo, lengua y nación. Aquellos seres humanos estarán delante del trono y en la presencia del Cordero, con vestiduras blancas, con palmas en sus manos y clamando a gran voz un reconocimiento a Dios y al Cordero por esa salvación tan grande que habrán recibido.

> «La salvación pertenece a nuestro Dios que está sentado en el trono, y al Cordero» (Apocalipsis 7:10).

Los ángeles, testigos de la salvación de estos millones de personas, junto a los veinticuatro ancianos y los cuatro seres vivientes, se postrarán delante del trono y adorarán a Dios.

Entonces uno de los veinticuatro ancianos se acercó a Juan para explicarle quienes eran los de esa multitud y de dónde había salido. Como Juan manifestó no saberlo, entonces el anciano le explicó que son los que habrán salido de la gran tribulación y habrán salvado sus vidas por la fe en la sangre derramada del Cordero. Al estar en el cielo se hace evidente que habrán sido asesinados por su fe sobre la tierra durante la gran tribulación y la persecución del anticristo sobre ellos. De ahí en adelante serán siervos de Dios y él extenderá su tabernáculo para recibirlos, una expresión oriental para graficar que Dios extenderá sus tiendas para recibirles en casa. Ya no tendrán más hambre ni sed, ni sufrirán calor abrasador, como habrán sufrido en la tierra (Mateo 25:35). El Cordero los pastoreará, los guiará a fuentes de aguas de vida y consolará sus lágrimas (Salmo 23).

Resulta que por aquellos días, los 144.000 predicarán el doble y mismo mensaje que predicara Juan el Bautista, sólo que veinte siglos después de la cruz. Por un lado anunciarán que el reino se habrá acercado, y por otro lado mientras tanto, anunciarán que todavía hay salvación por la fe en la sangre derramada del Cordero de Dios.

En Apocalipsis 15:2-4, Juan vio en el cielo, sobre un mar de vidrio mezclado con fuego a la misma multitud de pie con las arpas de Dios, estos son los que habrán alcanzado la victoria por la fe. Cantarán entonces el cántico de Moisés y el cántico del Cordero (Éxodo 15 y Apocalipsis 7), diciendo:

> «Grandes y maravillosas son tus obras, Señor Dios Todopoderoso; justos y verdaderos son tus caminos, Rey de los santos. ¿Quién no te temerá, oh Señor, y glorificará tu nombre? Pues sólo tú eres santo; por lo cual todas las naciones vendrán y te adorarán, porque tus juicios se han manifestado» (Apocalipsis 15:3-4).

Verdaderamente es un cántico maravilloso; lleno de conceptos doctrinales bíblicos, sin una pizca de autocompasión o resentimiento por lo sufrido, exaltando de principio a fin la persona, la obra y el proceder de nuestro gran Dios y su Cordero. Allá en los cielos, seremos testigos del homenaje y tributo sin par al Salvador de sus vidas, al Cordero Admirable.

Los 144.000 y su lealtad al Cordero (Apocalipsis 7:3-11; 14:1-5)

Los dos profetas de Apocalipsis 11 (sólo en Jerusalén) y los 144.000 siervos de Dios de Apocalipsis 7, llevarán al mundo entero el mensaje del Cordero, y millones de seres humanos serán salvos durante la tribulación. En la hora más oscura de la historia humana, Dios enviará al mundo doce mil docenas de predicadores. Luego, cuando todo termine, esos muchachos seguirán al Cordero por dondequiera que vaya.

Aquellos varones, en aquel futuro tiempo de despertar escritural y espiritual en Israel, quedarán fascinados por las profecías del Cordero, y le entregarán sus vidas, no sólo en heroica dedicación durante la tribulación sino también en decidida devoción eterna.

Según Apocalipsis 7, desapercibidamente, llegará la hora establecida en que los vientos se detendrán y un pálpito estremecedor inundará la faz de la tierra anunciando que las más grandes tempestades jamás imaginadas, se avecinarán sobre el mundo entero. Cuatro ángeles, con el poder de hacer daño a la tierra, al mar y a los árboles, serán entonces demorados por un poquito de tiempo por el clamor de otro ángel poderoso, hasta que sean sellados los 144.000 siervos de Dios de aquellos días. Luego, los ángeles antes mencionados ejecutarán las órdenes que habían recibido, dictámenes que por sus características y consecuencias podemos rotularlos como: los juicios ecológicos de Dios en el marco del día de Jehová.

Ya no estará por entonces la iglesia sobre la tierra, pero Dios levantará nuevos siervos terrenales para llevar su palabra al mundo, y estos deberán ser sellados al comenzar su misión para que no sufran daños por los embates del enemigo (Apocalipsis 9:4). Juan oyó el número de los sellados: 144.000 varones de todas las tribus de Israel. No se conocen hoy las tribus según los registros de los hombres, pero Dios sí los conoce. Llevarán el nombre del Padre y del Cordero en sus frentes de un modo legible por lo menos para los demonios (Apocalipsis 9:4), serán varones judíos que no tendrán contacto con mujeres sino un abnegado y santo ministerio de predicación en obediencia a Dios. Serán *primicias*, primeros frutos, no el número completo de los salvos de Israel durante la tribulación, y ellos no morirán sino que heredarán el reino con cuerpos naturales cuando el Mesías en su regreso lo inaugure en Jerusalén (Apocalipsis 14:1-5).

No cabe la menor duda que se trata de 144.000 judíos, siervos de Dios (muy probablemente discípulos directos de los dos profetas de Apocalipsis 11:1-12), predicadores de su palabra al mundo durante el período de la septuagésima semana de la profecía de Daniel 9. No hay forma más sencilla y certera de decirlo.

Cuando terminó su obra en la tierra, al ascender al cielo desde el monte de los Olivos, el Señor envió desde Jerusalén al mundo una docena de apóstoles para llevar su palabra. En la hora más oscura de la historia de la humanidad, con toda compasión y misericordia y desde el mismo lugar geográfico, el Señor enviará al mundo doce mil docenas de siervos para que en poco tiempo le concedan a las personas de todas las naciones una nueva y última oportunidad de ser salvos.

En Apocalipsis 14:1-5, terminada la tribulación, el Cordero y los 144.000 se congregarán sobre el monte Sion, y acompañados por música celestial cantarán un maravilloso cántico nuevo. Triunfo, lealtad y emocionantes expresiones de gozo culminarán aquella epopeya inolvidable. Aquellos valientes varones habrán terminado su misión asignada para los días de la tribulación, habrán sobrevivido gracias al sello de protección oportunamente recibido, y entonces se destacará que tienen el nombre del Cordero y el nombre de su Padre en sus frentes. Estarán de pie en el monte Sion, el Cordero y sus 144.000 siervos amados.

Según Apocalipsis 14:2, en aquel momento irrumpirá una voz extraordinaria desde el cielo. Juan la compara al estruendo de muchas aguas, sumado al sonido de un gran trueno y al de arpistas que tocaban sus arpas. Aparentemente esta es la voz que les enseña y dirige en el cántico nuevo que sólo ellos podrán aprender e interpretar. Cantarán el cántico nuevo desde el monte Sion. Parece ser que el cántico terrenal de ellos llegará hasta el cielo, al trono de Dios, los cuatro seres vivientes y los veinticuatro ancianos.

Aquellos varones serán puros, no contaminados con mujeres de un mundo desahuciado; y terminada su heroica misión seguirán al Cordero por todo lugar. Serán primicias, primeros frutos de una gran cosecha entre los judíos, especialmente redimidos para Dios y el Cordero, sin mentira en sus bocas, sin mancha delante del trono de Dios. Aquel grupo de discípulos tan especiales, rendirá sus vidas de todo corazón, con absoluta lealtad y profunda adoración a Dios y al Cordero.

Gozo y admiración en las bodas del Cordero (Apocalipsis 19)

La mente humana no puede concebir un cuadro que comunique mayor dignidad, pureza, exaltación y belleza que el de la iglesia en los cielos como esposa del Cordero. Personalmente creo que hay una continuidad entre vv. 6 y 7 de Apocalipsis 19, y creo que son las voces de la iglesia en el cielo y sus resonantes declaraciones que concluyen el final del versículo 8. Allá en la gloria, nos diremos a nosotros mismos:

> «Gocémonos, alegrémonos y démosle gloria, porque han llegado las bodas del Cordero, y su esposa se ha preparado» (Apocalipsis 19:7).

Y aun expresándolo en tercera persona diremos de nosotros mismos:

> «Y a ella se le ha concedido que se vista de lino fino, limpio y resplandeciente, porque el lino fino es las acciones justas de los santos» (Apocalipsis 19:8).

Toda la gloria le pertenece y le pertenecerá al Señor en aquel momento sublime, en aquel acontecimiento de honra, gala y distinción sin par. Será el cumplimiento pleno del Salmo 45. Es más, todo el contexto de las bodas del Rey, su marcha gloriosa y conquistadora, la derrota de sus enemigos y el establecimiento de su reino que se despliegan en Apocalipsis 19 y 20, serán un exacto cumplimiento de los Salmos 45, 46 y 47. Pero además, es notable que aunque son las bodas del Rey, en Apocalipsis 19:7 se las denomina bodas del Cordero. Es que en la antigüedad el novio compraba a la novia, con una dote, con un pago; en nuestro caso, el Señor como Cordero pagó el precio para comprarnos, y ese fue el derramamiento de su sangre preciosa en sacrificio por nuestros pecados sobre la cruz (1 Pedro 1:18-19).

Dios en su maravillosa gracia, quien nos habrá salvado por creer en la sangre del Cordero, nos concederá ser vestidos de ropas de gala, resplandecientes, las cuales representarán las acciones justas de los santos. Para entonces ya habremos pasado por el Tribunal de Cristo, donde habrán sido quemadas nuestras malas obras como creyentes y destacadas nuestras buenas acciones como creyentes para toda la eternidad.

Bendito sea el Señor que nos vestirá con su salvación y con ropas espléndidas de justicia (Isaías 61:10), con ropas de gala, mucho más de lo que pudiéramos soñar e incluso imaginar. ¡Dichosos los llamados a esa cena celestial!, a esa experiencia sin par. Contemplaremos su hermosura en forma cercana, íntima, y esplendorosa. Gocémonos, alegrémonos y démosle gloria por anticipado. Hoy, en nuestros corazones, gloria sea al Cordero.

Veremos su rostro y serviremos al Cordero en la Jerusalén celestial (Apocalipsis 21–22)

El Señor prometió buscarnos y llevarnos a la ciudad celestial. Allí no hay templo:

> «El Señor Dios Todopoderoso es el templo de ella,
> y el Cordero» (Apocalipsis 21:22).

Toda la adoración se centrará sobre sus personas, sin más necesidad de templo ni ritual.

La ciudad que se describe en Apocalipsis 21:9–22:5 no es producto de la imaginación humana, por el contrario, es el producto de un asombroso poder creativo sumado a la capacidad y el poder constructivo de un creador extraordinario. Es la ciudad cuyo arquitecto y constructor es Dios (Hebreos 11:10). Ciudad espacial de dimensiones, diseño y materiales maravillosos. Será la morada de la iglesia, de los salvos del Antiguo Testamento y también de millones de ángeles. Podrá trasladarse en el espacio, durante el milenio estará a vista de las naciones, y será sitio de nuestra segura morada y gozoso servicio a nuestro Señor por la eternidad.

En los vv. 9 y 10, uno de los ángeles (de los que tenían las siete copas) invita a Juan a ver a la esposa de Cristo. Para ello es llevado a un monte grande y alto, y desde allí le muestra la nueva Jerusalén, la *residencia eterna* de los santos en el cielo. Juan la ve descender del cielo, por tanto primero la ve como un fulgor, luego describe su exterior, su muro, sus fundamentos, sus puertas, después, como ya entrando en ella, describe su calle central, su interior y finalmente, nos deja una semblanza de la dichosa vida de sus privilegiados habitantes.

En v. 11 nos muestra la luminosidad espléndida de la ciudad, resplandeciendo por la gloria de Dios contenida en ella. Ese brillo era semejante al jaspe cristalizado y centellante, diáfano como el cristal, algo preciosísimo. Recordemos que el aspecto del que estaba sentado en el trono en Apocalipsis 4:3 era semejante a la piedra de jaspe y de cornalina. A partir del versículo 12 tenemos una descripción detallada de aquella ciudad realmente admirable. Juan describe su muro (v. 12*a*), sus puertas (vv. 12*b* y 13), sus cimientos (v. 14), sus dimensiones (vv. 15-17), sus materiales (vv. 18-21), su iluminación y su esplendor (vv. 22-24). Podemos contemplar entonces por la fe, lo maravilloso que será el habitar eternamente con nuestro Dios creador y Salvador, a la luz de su santa presencia y en su majestuosa ciudad.

Entrando en Apocalipsis 22:1-5, se describen en pocas palabras enormes privilegios que disfrutaremos en aquella ciudad en compañía de su dueño, nuestro Padre celestial, y del Cordero.

El primer privilegio será disfrutar del río limpio de agua de vida. Observemos que el mismo sale del trono de Dios (Padre) y del Cordero.

La frase *resplandeciente como un cristal* nos habla de la pureza misma del agua y del lugar donde procede (el trono de Dios). No existe río más placentero, sobrepasa lo soñado.

El segundo privilegio que disfrutaremos es el árbol de la vida del Apocalipsis 22:2:

> «En medio de la calle de la ciudad, y a uno y otro lado del río, estaba el árbol de la vida».

Aunque la descripción no es totalmente precisa podemos imaginar dos vistas: la calle como un boulevard arbolado con árboles de la vida, y la segunda: el río con ambos lados u orillas con hileras hermosas de este árbol. No podemos saber cuántos árboles habrá, pero sabemos que estarán dando sus doce frutos constantemente, una cosecha por mes, lo cual muestra que nunca faltarán. Y las hojas del árbol proveerán medicina para las naciones durante el milenio.

Notemos que el mismo árbol fue guardado en el Edén para evitar que el hombre *comiese y viviese para siempre* (Génesis 3:22), en su estado pecaminoso, pero en aquel entonces estará disponible en abundancia para nuestro deleite, tanto en lo visual del paisaje, como así también para disponer de sus virtudes como fruta única, exquisita y espiritual. Anhelamos aquel día en que el Señor mismo nos convidará en forma personal de ese árbol de la vida (Apocalipsis 2:7). Será un honor y un deleite indescriptible.

El tercer privilegio será saber que allí no habrá más maldición. Se nos garantiza que en esta nueva creación no existirá más posibilidad alguna de pecado ni el más mínimo riesgo de maldición. Eso nos llenará de seguridad y paz interior para el diario vivir, reemplazando para siempre esa terrible sensación de ansiedad y de inseguridad que muchas veces nos invade el día a día de la vida terrenal.

El cuarto privilegio será el servicio continuo que rendiremos a Dios.

«Y el trono de Dios y del Cordero estarán en ella,
y sus siervos le servirán» (Apocalipsis 22:3)

La NVI lo traduce *sus siervos le adorarán*, pues el verbo es de carácter sacerdotal, un servicio de culto. Además de una continua adoración, seguramente habrá otros servicios que ahora no conocemos, tareas que será un deleite llevarlas a cabo.

El quinto privilegio será la cercanía cotidiana y la comunión íntima con el Señor. Ver su rostro diariamente y verle desplazarse en sus acciones será algo deslumbrante y admirable para nuestro corazón.

El sexto privilegio será llevar en la frente el nombre de Dios. El nombre divino lucirá en nuestras frentes porque siempre seremos posesión suya, y para siempre disfrutaremos de su protección y sentido de pertenencia.

El séptimo privilegio será reinar por los siglos de los siglos. Siguiendo al Rey de reyes, en los cielos nuevos, en la tierra nueva y en la nueva Jerusalén; nunca se disminuirá la posición, la dignidad y la autoridad que él nos habrá concedido.

Nada ni nadie podrán jamás disminuir, menguar o eclipsar la sublime y magnífica gloria futura del Cordero. La iglesia en el cielo le adorará, los salvos de la tribulación le rendirán su tributo, los 144.000 le brindarán su lealtad. Será el único digno de derramar su ira sobre las naciones, será Rey victorioso en su regreso al mundo. Veremos su rostro, le serviremos por siempre. En los ámbitos celestiales y por los siglos de los siglos será, sencillamente: **El Cordero Admirable**.

CAPÍTULO 10

IMPORTANTES PREGUNTAS FRECUENTES

En este y en otros temas, a menudo surgen preguntas basadas en curiosidades, en observaciones apresuradas o en profundas dudas e incógnitas. Con el correr del tiempo decantan las más importantes, las preguntas y respuestas que realmente tienen valía, las que determinan cómo fueron los hechos en verdad y las que afectan nuestras vidas de manera directa y valiosa. Entre ellas vamos a considerar cinco.

Primera pregunta:
¿Qué día de aquella semana murió Cristo?

Leyendo solamente los cuatro Evangelios, no es nada fácil clarificar el panorama y la cronología de los acontecimientos. Por esa causa es que tenemos buenos maestros cristianos de diferentes lugares y tiempos, con tres probables y diferentes interpretaciones: algunos creen que el Señor murió el miércoles por la tarde, otros interpretan que murió el jueves por la tarde, y otros que murió el viernes por la tarde. Obviamente sólo una de estas interpretaciones puede ser correcta, es decir, sólo una puede ser históricamente veraz.

Por otro lado, para algunos saber qué día murió el Señor, es un dato secundario que no hace al fondo y peso de la verdad fundamental. Lo importante, dicen ellos, es que Cristo murió por nuestros pecados en la cruz. Sin embargo, entendemos que es de mucha importancia saberlo, pues el Señor ratificó que ni una jota ni una tilde pasaría de la ley hasta que todo se hubiese cumplido. El Señor Jesús murió bajo la ley, en cumplimiento de un caudal extraordinario de profecías, incluso varias de ellas expresadas a través de las fiestas levíticas. Para los sacerdotes del templo judío que se fueron convirtiendo a la fe cristiana con el correr de los meses de predicación en Jerusalén (Hechos 6:7), debe haber sido fundamental estudiar y comprobar que el Señor había cumplido al mínimo detalle cada profecía, principalmente las que tenían que ver con el ritual del templo, los sacrificios y las fiestas solemnes.

Por otro lado, entendemos que el mismo valor de importancia tendrá para los judíos que se han de convertir durante la tribulación o en los días previos. Nos referimos a los dos predicadores poderosos de Apocalipsis 11, a los 144.000 siervos del Señor y a todos sus discípulos.

Por lo tanto entendemos que tiene su alto grado de importancia, y más cuando le prestamos atención a las palabras del Señor y queremos predicar, enseñar, y demostrar que se cumplió todo lo que Moisés, los profetas y los salmos habían anunciado para su primera venida.

Bueno, ¿y entonces, qué día de la semana murió el Señor Jesucristo?

Tenemos una serie de datos e indicios que considerar al respecto, datos que esclarecen cuál alternativa es la más viable:

1. Debemos considerar los días y los horarios según nos informan los Evangelios, pero teniendo cuidados, prestando atención. Los judíos consideraban que el día de luz solar tenía doce horas, aproximadamente marcadas desde el amanecer hasta el atardecer (Mateo 20:1-15). Además ellos dividían la noche en cuatro vigilias de aproximadamente tres horas cada una (Mateo 14:25). Y además, debemos tener en mente que los judíos consideraban que al atardecer terminaba un día y comenzaba el siguiente. Por su parte los romanos consideraban el día desde las cero horas hasta las veinticuatro horas, como nosotros, y así contaban y expresaban los horarios. Al respecto nos dice Josh McDowell:

   > «Sabemos con seguridad, por Plutarco, Plinio, Aulo Gelio y Macrobio, que los romanos calculaban el día civil de medianoche a medianoche, así como lo hacemos hoy en día».[2]

2. Los sacerdotes judíos querían sacar del medio a Jesús matándolo, pero claramente se trazaron una

---

[2]   McDowell, Josh. *Respuestas a preguntas difíciles*, p. 58.

consigna: no durante la fiesta, para no alborotar al pueblo (Mateo 26:3-5).

3. Entonces Judas se adelantó y precipitó la entrega del Señor (Mateo 26:14-16).

4. Tengamos en cuenta que el día siguiente al sacrificio de la pascua debía ser día de reposo solemne, así lo establecía la ley, el reposo solemne del día 15 de *Aviv* (Éxodo 12:16; Levítico 23:6-8). En contraste, el día de la crucifixión del Señor tuvo una mañana de intensa actividad pública, que involucró principalmente a los líderes religiosos en condenar a Cristo y luego estar fuera de la ciudad para burlarlo, con los acusadores, el pueblo, las mujeres, Simón de Cirene y los soldados. Por lo tanto queda claro que el día de su muerte no fue el posterior a la pascua, el de reposo solemne; sino que fue el día de la preparación de la pascua.

5. Además, los que sepultaron al Señor se apresuraron al caer la tarde porque el reposo solemne se acercaba (Juan 19:31-42).

6. Esa semana tuvo dos reposos seguidos (según la lectura en griego de Mateo 28:1), el reposo solemne del día 15 que fue viernes y el reposo habitual, el *Shabát* de la semana.

7. Los sacerdotes, en el proceso de tratar con Poncio Pilato acusando al Señor temprano aquella mañana, no quisieron contaminarse para poder después comer la pascua, evidentemente cuando llegara la noche (Juan 18:28).

8. El pan que partió el Señor en la última cena, si hubiese sido pascua hubiese traído juicio sobre ellos de acuerdo a la ley, pues fue pan con levadura. Así lo indican los textos en griego de Mateo, Marcos y Lucas, el libro de los Hechos y 1 Corintios.

9. El Señor dijo que estaría sepultado tres días y tres noches. Al respecto, debemos volver y considerar lo que decía Jonás 1:17. Y ciertamente el lenguaje es claro, se trata de tres días y tres noches.

10. Las expresiones del Señor *este tu día* (Lucas 19:42), y *la hora ha llegado* (Juan 17:1), concuerdan con las profecías en sus detalles más precisos. El Cordero iba a ser sacrificado *a la hora señalada*.

Deducimos entonces, que si Jesús en su última cena hubiera comido el cordero pascual, el día siguiente hubiera sido reposo de gran solemnidad en Jerusalén, pero no fue así. Si el Señor hubiera comido la cena pascual, debería haber utilizado estrictamente pan sin levadura, y no fue de esa manera. El día que Cristo fue crucificado y murió fue un día cargado de actividades públicas desde el amanecer para los sacerdotes, ancianos, soldados y todo el pueblo en general. Y en medio de toda esa actividad se advierten intenciones y acciones para cumplir el día de reposo solemne de pascua que, evidentemente comenzaría al atardecer. Por eso los judíos no quisieron contaminarse, y por eso José y Nicodemo apresuraron la sepultura al atardecer. Y en ese año, esa semana, con certeza hubo dos reposos, tal como lo indica Mateo 28:1.

Además, respecto al día de la crucifixión varios textos bíblicos nos indican lo siguiente:

- Mateo 27:62 dice que fue el día de la preparación de la pascua.

- Marcos 15:42 dice que fue el día de la preparación.

- Lucas 23:54 dice que era el día de la preparación.

- Juan 19:14 dice que era la víspera de la pascua.

- Juan 19:31 dice que era la víspera de la pascua y se acercaba el reposo solemne.

- Juan 19:42 dice que era la preparación de los judíos.

Por tanto, claramente podemos llegar a la conclusión de que el Señor entró en Jerusalén el domingo 10 de *Nisán (Aviv)*, fue expuesto públicamente durante cinco días para demostrar que era sin defecto, y murió el jueves de esa semana, el 14 de *Nisán (Aviv)*, como a las tres de la tarde. Al momento de sacrificar los corderos en el templo, murió el Cordero de Dios.

Segunda pregunta:
¿Qué día de la semana resucitó el Señor?

Una buena mayoría de los intérpretes de las Escrituras creemos que el Señor resucitó el domingo al amanecer. El ángel quitó la roca de la entrada de la tumba para mostrar a las mujeres que ya había resucitado.

Sólo los estudiosos que creen que Jesús murió el miércoles a la tarde, y fue sepultado a última hora, creen que resucitó al atardecer del sábado, a última hora. Lo hacen sobre la base de contar tres días y tres noches exactas a partir de la hora de su sepultura, y citando una variante en la coma de Marcos 16:9. No comparto esta interpretación, pues al atardecer del domingo, seguía siendo el tercer día de su muerte y sepultura, según el texto de Lucas 24:21, lo cual evidencia que no fue sepultado el miércoles sino el jueves, y que no resucitó sino hasta el amanecer del domingo.

Yo entiendo por las Escrituras que el Señor entró en Jerusalén el domingo 10 de *Aviv*, murió el jueves 14, fue sepultado al atardecer cuando terminaba dicho día, y resucitó el domingo al amanecer, cuando ya había salido el sol. Estuvo en el corazón de la tierra tres días y tres noches, tal y como él mismo lo anunciara en Mateo 12:40, pues en esa semana hubo dos reposos de acuerdo a Mateo 28:1. Estuvo sepultado las noches del jueves, viernes y sábado; y los días viernes, sábado y domingo. El domingo se cuenta como un día, pues ya había salido el sol, aunque fue temprano en la mañana cuando resucitó triunfante de la tumba.

Tercera pregunta:
En la última cena, ¿el Señor y sus discípulos comieron el cordero de la pascua? Si no fue la cena del cordero de la pascua, ¿qué carácter tuvo esa cena, qué comieron y por qué?

Algunos buenos maestros bíblicos creen que el Señor adelantó la cena de pascuas, otros piensan que hizo una simulación con motivos didácticos y otros que hizo una cena rabínica que algunos hacían el día anterior. Todas estas ideas son inaceptables porque no se adecuan a la ley, y no sólo hubiesen comunicado confusión para la mente de aquellos discípulos judíos, sino que también hubieran acarreado el juicio de Dios.

Es tan rotundo como exacto, que ni una jota ni una tilde pasarían de la ley hasta que todo se cumpliese, por lo tanto es inaceptable que el Señor hubiera adelantado o simulado la cena de pascuas propiamente dicha. El Señor, bajo la ley, debía guardar los días y los horarios de manera exacta, y sin dudas así lo hizo.

Además, el Señor partió pan común en la última cena y eso hubiese sido una fatal y grave violación de la ley si hubiesen estado comiendo la cena de pascuas. Éxodo 12, Levítico 23 y Deuteronomio 16 estipulaban que en la cena de pascuas el cordero se debía comer con hierbas amargas y panes sin levadura. Por otro lado, en todos los textos de los Evangelios, el libro de los Hechos y 1 Corintios que hacen referencia a la última cena del Señor con sus discípulos, siempre se usa la palabra griega *artós* que designa un pan leudado, un pan común, y nunca se usa la palabra *ázimos* que designa al pan sin levadura.

Por tanto yo entiendo en las Escrituras que el Señor ni adelantó ni simuló la cena de pascuas, y que tampoco comió la cena de pascuas o cordero de pascuas, pues en realidad murió en la cruz el día siguiente, a la hora que sacrificaban los corderos.

Su última cena con sus discípulos fue acorde a tres aspectos que tienen que ver principalmente con la ley y también con las costumbres judaicas de aquellos días, y por supuesto, costumbres acorde a la ley.

Primer aspecto

Evidentemente ellos cenaron un sacrificio u ofrenda de paz, que en aquellos días fue como preparatorio a la cena de pascuas propiamente dicha, la cual sería a la noche siguiente por toda Jerusalén. Para considerar estos sacrificios, estas ofrendas de paz, debemos leer detenidamente Levítico 3:1-17 y 7:11-21. A los efectos de entenderlo de manera sencilla leamos:

«Y esta es la ley del sacrificio de paz que se ofrecerá a Jehová: Si se ofreciere en acción de gracias, ofrecerá por sacrificio de acción de gracias tortas sin levadura amasadas con aceite, y hojaldres sin levadura untadas con aceite, y flor de harina frita en tortas amasadas con aceite. Con tortas de pan leudo presentará su ofrenda en el sacrificio de acciones de gracias de paz. Y de toda la ofrenda presentará una parte por ofrenda elevada a Jehová, y será del sacerdote que rociare la sangre de los sacrificios de paz. Y la carne del sacrificio de paz en acción de gracias se comerá en el día que fuere ofrecida; no dejarán de ella nada para otro día. Mas si el sacrificio de su ofrenda fuere voto, o voluntario, será comido en el día que ofreciere su sacrificio, y lo que de él quedare, lo comerán al día siguiente; y lo que quedare de la carne del sacrificio hasta el tercer día, será quemado en el fuego» (Levítico 7:11-17).

En los sacrificios de paz, el animal se sacrificaba a la puerta del tabernáculo o templo y la carne se compartía en comida de comunión. Una parte del sacrificio sería del sacerdote y otra parte se debía comer esa misma noche por los oferentes. Era sacrificio de paz, y entendemos que eso era justamente un marco muy adecuado para que en determinado momento de la cena el Señor les dijera a sus discípulos:

«Mi paz les dejo, mi paz les doy» (Juan 14:27).

Y tambien les dijo:

«Para que en mí tengáis paz» (Juan 16:33).

El Señor mismo les había ordenado que prepararan la pascua pero es evidente que al conjunto de todos los preparativos y ofrendas previos, como así también algunos asuntos posteriores, se los incluía bajo ese modismo festivo: *comer la pascua.* Los sacrificios de paz estaban ordenados en la ley, como recién leímos, para ser comidos con panes sin levadura y, también, con unas tortas de pan con levadura (Levítico 7:13). Obviamente ése fue el pan que tomó el Señor, luego que hubieron cenado, para partirlo e instituir el recordatorio de su cuerpo entregado a muerte por nosotros, diciendo:

«Haced esto en memoria de mí» (Lucas 22:19).

Segundo aspecto

Además, aquella fue una cena de comunión de amigos. Otro dato interesante es el que nos aporta Bill White en su breve libro *A Thing Incredible?*, diciéndonos que en aquellos días eran comunes las cenas de comunión de amigos, para caridad y comunión, llamadas *kiddush*. Eran cenas de grupos pequeños de amigos unidos para propósitos devocionales y caritativos. Creemos que por eso el Señor en determinado momento les llama amigos y les indica la forma de ser amigos íntimos si obedecían lo que él les mandase (Juan 13:1, 29; 15:13-15). Y creemos que por eso también, cuando Judas se levantó para salir de la cena, los demás pensaban que iba a hacer alguna caridad o alguna compra para la fiesta, pues él tenía la bolsa del dinero. En contraste, la cena de la pascua era una cena familiar, e incluso, uno de sus propósitos era instruir a los niños.

Tercer aspecto

También, la última cena fue para dejarles un recordatorio de su muerte. En último lugar, el Señor les quería dejar recordatorio por su muerte como se hacía en la antigüedad. A los discípulos no les entraba en la cabeza que él iba a morir, pero al partir el pan y pasar la copa no sólo los impactó con la cruel realidad que se avecinaba, sino que también les pidió que hicieran memoria de él cada vez que se reuniesen. De acuerdo a Jeremías 16:7 y Ezequiel 24:22, era común partir pan en una reunión en casa para recordar las virtudes de un difunto, y luego beber la copa de consolaciones en familia.

Finalmente y en resumen, creo que estos fueron los tres aspectos y el carácter de aquella última cena, la cual trae sus repercusiones hasta el día de hoy, y proféticamente está anunciado que lo hará hasta que él regrese (1 Corintios 11:26). Entonces, en la última cena el Señor, compartió con los suyos un sacrificio y ofrenda de paz, convocó esa cena de comunión de amigos y nos dejó un recordatorio para hacer memoria de él. Por tanto nosotros hoy estamos llamados a hacer cenas de comunión y paz, a hacer memoria de él, a anunciar sus virtudes, a partir el pan y participar de la copa dignamente y habiéndonos examinado. Y haciendo esto, la muerte del Señor anunciamos y anunciaremos hasta que él vuelva (1 Corintios 11:23-26).

Cuarta pregunta:
La hostia consagrada en la misa católica, ¿es el Cordero de Dios?

Por dogma de fe establecido por la iglesia Católica romana, cada católico debe creer obligatoriamente el dogma de la transustanciación. En la misa se renueva el sacrificio de Cristo en el altar, en un sacrificio no cruento, dicen ellos, de manera que luego de la consagración del sacerdote católico, la hostia y el vino llegan a ser cuerpo, sangre, alma y divinidad de Jesucristo. Al extremo tal que desde ese momento las hostias son consideradas «el santísimo», «el cuerpo de Cristo sacramentado». El IV Concilio de Letrán en el año 1215 adoptó esta doctrina, el Concilio de Trento (1545–1563) la formalizó, y el Concilio Vaticano II (1962–1965) la reafirmó.

En el momento más solemne de la misa, en el momento más solemne de la liturgia de la eucaristía, el sacerdote católico levanta una hostia de mayor tamaño que las demás y proclama:

«Este es el Cordero de Dios que quita el pecado del mundo. Dichosos los llamados a esta cena».[3]

¿Pero es eso realidad? *Absolutamente no*. Ese trocito de pan no es el Cordero de Dios. De hecho, el sacerdote católico levanta una delgada oblea de pan sin levadura, mientras que el Señor partió pan común y lo compartió con los suyos.

En definitiva, la hostia consagrada es un reemplazo ceremonial innecesario, y peor aún, un reemplazo que ni sirve ni salva. Es un fatal error que extravía a las personas y les priva de confiar en el único y verdadero Cordero de Dios: el Señor Jesucristo mismo en persona. El Jesús sacramentado que impone el catolicismo romano es *otro Jesús*, un fiasco intelectual y espiritual.

Cada ser humano debe confiar en la persona de Jesús, el único y verdadero. Recordando siempre que el hecho de partir y compartir el pan y también tomar de la copa, es para hacer memoria de él y de lo que ha hecho por nosotros. El recordatorio, es decir el pan y el vino, nunca debe tomar el lugar del recordado que dijo:

«Haced esto en memoria de mí» (1 Corintios 11:24).

Quinta pregunta:
¿De quién habla la profecía?

A propósito de *preguntas frecuentes*, hace ya varios siglos alguien expresó la más importante de todas.

---

[3] *Guía para la Misa.*

Aquel hombre era un alto funcionario de la Reina de los etíopes, y aunque tenía una alta preparación cultural fue sincero y humilde como para preguntar. Estaba poco informado, pero anhelaba interpretar la Escritura correctamente. Aquel varón regresaba en su carruaje desde Jerusalén a su país, luego de haber venido al templo judío a adorar. Iba leyendo en voz alta, por supuesto en idioma hebreo, las palabras del libro del profeta Isaías en el capítulo 53.

Entonces, alguien que se le había puesto al lado escuchando, le preguntó:

«Pero ¿entiendes lo que lees? Y él respondió: ¿Cómo podré si alguno no me enseñare? Y rogó a Felipe que subiese y se sentara con él.

El pasaje de las Escrituras que leía era este: como oveja a la muerte fue llevado; y como cordero mudo delante del que lo trasquila, así no abrió su boca. En su humillación no se le hizo justicia; mas su generación ¿quién la contará? Porque fue quitada de la tierra su vida. Respondiendo el eunuco, dijo a Felipe: Te ruego que me digas: ¿de quién dice el profeta esto; de sí mismo o de algún otro? Entonces Felipe, abriendo su boca, y comenzando desde esta Escritura, le anunció el evangelio de Jesús» (Hechos 8:32-35).

¿Está claro, no? Aquel cristiano llamado Felipe en Hechos 8, no predicaba una religión ni una serie de ceremonias, sino una persona; anunciaba la buena noticia de que Jesús había muerto por nuestros pecados como *Cordero* en la cruz, y que había resucitado para que confiando en él tengamos perdón de pecados y vida eterna.

Momentos después de haber creído, Felipe bautizó al etíope por inmersión en aguas. Y que quede en claro también, la palabra de Dios dice que primero es la fe en el verdadero y único Cordero, y luego viene el bautismo por agua para dar testimonio público de esa fe.

Querido amigo, ¿hay algo que te impide creer la sencilla profecía transformada en precisa realidad acerca de Jesús, el Cordero de Dios? Él murió cargando tus pecados y los míos. Aprópiate de la gracia y el amor de Dios para ti, créele a Dios y serás salvo para siempre.

La *estrategia* con que todo fue planeado por Dios desde antes de la fundación del mundo, sumado a la exacta *Escritura* que lo anunciaba en sus más mínimos detalles, sumado a su *entrada* exacta en el mundo naciendo en el redil de los rebaños del templo judío en Belén, sumado a su *ejecución* en el matadero romano de manera acorde a lo anunciado, y sumado a su *exaltación* de acuerdo a los anuncios de la profecía hebrea, nos dejan admirados ante su magna persona y su perfecta obra.

No recibir hoy al Cordero como Salvador personal, es elegir el peor de los errores y es hacerse cargo de la peor de las sentencias. Porque él dijo así:

«El que en él cree, no es condenado; pero el que no cree, ya ha sido condenado, porque no ha creído en el nombre del unigénito Hijo de Dios» (Juan 3:18).

Y además dijo:

> «De cierto, de cierto os digo: el que oye mi palabra, y cree al que me envió, tiene vida eterna; y no vendrá a condenación, mas ha pasado de muerte a vida» (Juan 5:24).

Bueno, por la gracia de Dios y por medio de este libro, yo pude acercarme a usted en el camino de su vida y explicarle el contenido de la profecía. ¿Qué hará usted ahora?

Yo le ruego que reconozca sus pecados delante de Dios, que se arrepienta y reciba a Cristo como su Salvador personal, como el Cordero de Dios que quita nuestros pecados.

Si usted desea recibir por la fe al Cordero (eso es confiar pura y exclusivamente en la persona de Jesucristo y su obra en la cruz para ser salvo) la siguiente sencilla oración le acompañará a dar el paso de fe, le ayudará a expresarlo y a hacerlo propio:

> *Dios, reconozco delante de ti que soy un pecador, culpable y perdido. Por eso, necesito y quiero recibir a Cristo como mi personal Salvador, como Cordero de Dios que quita mis pecados. Gracias por tu perdón y amor. Desde ahora y para siempre confío en el Señor Jesús, que murió por mí, que resucitó y que pronto vendrá a llevarnos a la casa del Padre en los cielos. Amén.*

Querido amigo lector, hace varios años atrás, Dios me limpió a mí de todos mis pecados, por la fe en la sangre del Cordero de Dios derramada hace siglos en Jerusalén. Si así también ha acontecido con su vida, nos veremos en el cielo. ¿No es eso maravilloso? Pero lo más maravilloso será ver al *Cordero Admirable* tal como él es, adorarle tal como lo merece y servirle por los siglos de los siglos. Amén.

CAPÍTULO 11

LAS SETENTA SEMANAS DE DANIEL Y LAS DOS VENIDAS DEL MESÍAS A JERUSALÉN

Aquel preocupado varón había pasado casi setenta años de su vida en Babilonia. Y aquella mañana, observando los escritos proféticos de Jeremías, comprendió que el tiempo marcado por Dios para disciplinar a su pueblo Israel en el exilio se agotaba. Entonces Daniel volvió su rostro a Jehová, el gran Dios del pacto, y clamó por el regreso de su pueblo, por la reconstrucción de Jerusalén y por la reedificación del arrasado templo de Dios (Daniel 9:1-19).

Pocos minutos después, y prácticamente interrumpiendo la ferviente oración de aquel anciano, el ángel Gabriel entró a su presencia para traerle la exacta respuesta de Dios. Gabriel iba a revelarle a Daniel lo que Dios haría con los judíos, con Jerusalén y el templo, pero aunque Daniel no lo había mencionado en su oración, Gabriel iba a añadir el protagonista principal de la futura epopeya para traer justicia perdurable a aquel lugar y al pueblo judío: *El Mesías de Israel.*

En los versículos siguientes, los últimos versículos de Daniel 9, tenemos aquella grandiosa profecía entregada por Gabriel, la cual marcó los plazos precisos para las dos venidas del Mesías a Jerusalén, y ha llegado a ser columna vertebral de todo el cuerpo de la profecía Bíblica.

La profecía de las setenta semanas (Daniel 9:24-27)

Daniel había estado preocupado y orando al Dios del pacto por tres motivos específicos:

- Por el pueblo de Israel.

- Por la ciudad de Jerusalén.

- Por el templo de Dios.

Para asegurarnos de encontrar la correcta interpretación de esta profecía, nunca debemos olvidar que Gabriel la trajo para responder a las preocupaciones y peticiones de Daniel y para revelarle los planes de Dios al respecto. De modo que, Gabriel iba a revelarle a Daniel lo que Dios haría con los judíos, con Jerusalén y con el templo, pero, aunque Daniel no lo había mencionado en su oración, Gabriel, como dijimos, iba a añadir en la profecía al protagonista que traería justicia perdurable a aquel lugar y al pueblo judío: *El Mesías de Israel.*

La profecía en su conjunto es breve y dice lo siguiente:

«Setenta semanas están determinadas sobre tu pueblo y sobre tu santa ciudad, para terminar la prevaricación, y poner fin al pecado, y expiar la iniquidad, para traer la justicia perdurable, y sellar la visión y la profecía, y ungir al Santo de los santos. Sabe, pues, y entiende, que desde la salida de la orden para restaurar y edificar a Jerusalén hasta el Mesías Príncipe, habrá siete semanas, y sesenta y dos semanas; se volverá a edificar la plaza y el muro en tiempos angustiosos. Y después de las sesenta y dos semanas se quitará la vida al Mesías, mas no por sí; y el pueblo de un príncipe que ha de venir destruirá la ciudad y el santuario; y su fin será con inundación, y hasta el fin de la guerra durarán las devastaciones. Y por otra semana confirmará el pacto con muchos; a la mitad de la semana hará cesar el sacrificio y la ofrenda. Después con la muchedumbre de las abominaciones vendrá el desolador, hasta que venga la consumación, y lo que está determinado se derrame sobre el desolador» (Daniel 9:24-27).

La palabra semana, en hebreo *shavúa*, sin dudas en el contexto implica una unidad de tiempo, un plazo, entonces uno debe preguntarse: ¿semana de siete años? ¿semana de siete meses? ¿o de siete días? Afortunadamente, tenemos varias pautas históricas y citas bíblicas que nos llevan a la conclusión de que se trata de semanas de años, conjuntos de siete años o septenios, e incluso que se trata de años proféticos, es decir, años de trescientos sesenta días cada uno. Veamos al respecto:

- Daniel 7:25 dice que el Anticristo quebrantará a los santos del Altísimo por tiempo, tiempos y medio tiempo.

- Daniel 9:27 dice que a la mitad de semana hará cesar el sacrificio y la ofrenda.

- Apocalipsis 11:2 dice que los gentiles hollarán la ciudad santa por cuarenta y dos meses.

- Apocalipsis 11:3 dice que los dos testigos del Señor profetizarán por 1260 días.

- Apocalipsis 12:6 dice que Israel en su persecución será sustentada por 1260 días.

- Apocalipsis 12:14 hablando del mismo tiempo anterior, dice que la mujer será sustentada por un tiempo, y tiempos y la mitad de un tiempo.

- Apocalipsis 13:5 dice que se le dará autoridad a la bestia por cuarenta y dos meses.

Es evidente que, en estos textos proféticos, una semana equivale a siete años, y media semana equivale a cuarenta y dos meses y también a 1260 días. Por lo tanto, llegamos a la clara conclusión de que *la semana profética* tiene siete años, que el año tiene doce meses y que cada mes tiene treinta días. Entonces, *setenta semanas* es un bloque de tiempo, el plazo que Dios tiene establecido sobre los judíos y Jerusalén para traerles los seis gloriosos beneficios espirituales que a continuación detalla, las seis metas de Dios para con Israel y Jerusalén mediante el Mesías. En Daniel 9:24 leemos:

1. *Para terminar la prevaricación,* terminar con la apostasía y la rebeldía de Israel.

2. *Y poner fin al pecado,* poner fin a los pecados con juicio público.

3. *Y expiar la iniquidad,* el perdón final de Israel en la segunda venida de Cristo será sobre la base de su sangre derramada en la cruz, ocurrida en su primera venida.

4. *Para traer la justicia perdurable,* Cristo en su segunda venida traerá *su* justicia y la implantará en *su* reino mundial de justicia perfecta por los siglos.

5. *Y sellar la visión y la profecía,* se confirmará y corroborará el cumplimiento exacto de todo lo anunciado en las visiones y profecías bíblicas. Será el fiel cumplimiento de todos los pactos y promesas del Dios de Israel.

6. *Y ungir al Santo de los santos,* algunos interpretan que será ungir el lugar santísimo del nuevo templo, otros interpretan que será ungir al Señor como Rey de reyes. Me inclino a pensar que será ungir al gran Rey ni bien llegue, en función de su reinado terrenal.

Entonces el plazo de setentas semanas está establecido por Dios para traer sobre Israel y Jerusalén estas seis bendiciones, y eso sólo será posible a la llegada del Mesías y el inmediato inicio de su reino terrenal. Los primeros tres aspectos sólo pueden ser satisfechos y ejecutados por los beneficios espirituales logrados por Cristo en su muerte de cruz. Los otros tres aspectos, y en definitiva los seis en conjunto, claramente tienen que ver con el establecimiento de la justicia absoluta y perdurable de Jesucristo en su regreso a Jerusalén y en el establecimiento de su Reino.

Pero la profecía, pese a ser compacta en sus expresiones, contiene mucho más. Vayamos observando versículo por versículo.

> «Sabe, pues, y entiende, que desde la salida de la orden para restaurar y edificar a Jerusalén hasta el Mesías Príncipe, habrá siete semanas, y sesenta y dos semanas; se volverá a edificar la plaza y el muro en tiempos angustiosos» (Daniel 9:25).

Aunque la profecía es un bloque unitario, es decir, un plazo de tiempo compuesto de setenta semanas, enseguida el ángel Gabriel dividió ese plazo en tres segmentos: siete semanas, sesenta y dos semanas y una semana más.

Según el versículo 25, desde la salida de la orden para restaurar y edificar a Jerusalén hasta el Mesías Príncipe correrían siete y sesenta y dos semanas, es decir un total de sesenta y nueve semanas. Y, para entender estos segmentos de tiempo, primero tenemos que encontrar en la historia el punto de partida: el día en que fue dada la orden para restaurar y edificar Jerusalén.

Varios fueron los edictos de reyes persas permitiendo y respaldando a distintos grupos de judíos para regresar a Jerusalén con diferentes propósitos. El que más se ajusta al concepto de *restaurar y edificar a Jerusalén* es el decreto oficial de Artajerjes I, emitido el 1° de *Nisán* del año 445 a.C., enviando a Nehemías a Jerusalén (Nehemías 2:1-8).

A partir de ese día, durante las siete primeras semanas, es decir los primeros cuarenta y nueve años, se reconstruirían la plaza y los muros en tiempos angustiosos, y así sucedió, así lo leemos avanzando la lectura del libro de Nehemías.

El término de las siete semanas, es decir el cumplimiento de los primeros cuarenta y nueve años proféticos, cayó aproximadamente sobre el cierre del canon del Antiguo Testamento.

Ahora bien, al término de las sesenta y nueve semanas, suma de las primeras siete más las siguientes sesenta y dos, tendría que venir el Mesías como Príncipe a Jerusalén.

Hagamos la cuenta entonces: sesenta y nueve semanas, de siete años proféticos, de trescientos sesenta días, suman un total de 173.880 días. Entonces, según la profecía, desde aquel 1° de *Nisán* del 445 a.C., deberían cumplirse 173.880 días y el Mesías Príncipe tendría que llegar a Jerusalén y al templo. Y de forma exacta así se cumplió.

En el día en que el Señor Jesucristo entró en Jerusalén, con el principado sobre su hombro (Isaías 9:6), no sólo se cumplió el anuncio de Zacarías 9:9 entrando como manso Salvador, humilde y sobre un asnito, sino que era el día exacto que completaba la suma de sesenta y nueve semanas de la profecía de Daniel. Por eso Lucas nos atestigua que el Señor Jesús iba llorando por Jerusalén y diciendo:

«¡Oh, si también tú conocieses, a lo menos en este
tu día, lo que es para tu paz! Mas ahora está encubierto de tus ojos» (Lucas 19:42).

Ese era el día preciso que anunciaba la profecía: era el
6 de abril del año 32 d.C., o sea el domingo 10 de *Nisán*.
Aquellos corruptos líderes espirituales de Jerusalén,
por años habían encubierto la palabra de Dios a la
gente y sólo les habían impuesto tradiciones y rigores
estrictos. La exposición de la palabra de Dios estaba
encubierta de la gente y el pueblo no pudo discernir
sus anuncios.

La comprobación de la suma de estos días, observando los diferentes calendarios, fue llevada a cabo
por primera vez por Sir Robert Anderson y publi-
cada en su libro *El Príncipe que ha de venir* en 1882.
Al presente, toda esta comprobación del exacto cumplimiento de la profecía es avalada por los libros y
autores que figuran al término de este capítulo, y
especialmente es confirmada en cada detalle por los
destacados escritores cristianos Josh McDowell y
Dave Hunt.

Ahora bien, en este punto la profecía tomó otras
derivaciones y vinculaciones admirables, pues el 10
de *Aviv*, que llegó a llamarse *Nisán*, era el día en que
se ponían aparte los corderos para comprobar que
no tuviesen defecto alguno, a fin de sacrificarlos el
día 14 como corderos de pascua, según Éxodo 12:3-6.
De manera que el Señor Jesucristo entró como Cordero en Jerusalén el día señalado por Dios a Moisés
y el día exacto revelado a Daniel, cumpliendo lo
anunciado por Zacarías, para morir sacrificado como

Cordero según lo anunciado por Isaías 53 y por Juan el bautista (Juan 1:29, 36).

> «Y después de las sesenta y dos semanas se quitará la vida al Mesías, mas no por sí» (Daniel 9:26*a*).

Las palabras de la profecía son exactas y se cumplieron en forma exacta. La profecía de Daniel solo dice que después del día de su entrada a Jerusalén se le quitaría la vida al Mesías. No era necesario que anunciara más o que fuese más específico, pues Dios ya le había dicho a Moisés en qué día sacrificar al cordero. Asombrosamente, el día 14 de *Nisán*, los líderes corruptos del pueblo judío sacrificaron el Cordero, obligaron a Pilato a que le cortaran la vida al Mesías en el matadero romano. Por su parte, Dios cargó en él el pecado de todos nosotros para poder ampararnos y perdonarnos.

La profecía además anunciaba que se le quitaría la vida al Mesías, *mas no por sí*. Varios intérpretes que conocen el idioma hebreo coinciden en que esto significa: *y no tendrá nada*. Y ciertamente quedó sin nada, sin amigos, sin dignidad, sin defensa y hasta el Padre lo desamparó para poder aceptarnos a nosotros. Otros, tratando de interpretar este texto arriban a la conclusión de que significa que no sería por culpa propia, lo cual fue así también. Y otros entienden que no moriría por un auto sacrificio, ni por una inmolación personal, ni que sus discípulos lo inmolarían, sino que, como lo hace claro Isaías 53, si bien sería sacrificio por nuestros pecados, en los hechos sería cortado por encarcelamiento, por juicio injusto y porque finalmente lo llevarían al matadero, al matadero romano. Y al fin y al cabo también fue así.

> «Y el pueblo de un príncipe que ha de venir destruirá la ciudad y el santuario» (Daniel 9:26*b*).

Este anuncio profético ya tuvo también su preciso y apoteótico cumplimiento. Tiempo después de que el Mesías muriese y resucitase en Jerusalén, en el año 70 d.C., los ejércitos romanos al mando de Tito destruyeron y quemaron la ciudad de Jerusalén y el templo. A esta breve pero precisa profecía de Daniel, en su momento el Señor Jesús le agregó contenido, diciendo:

> «No quedará piedra sobre piedra en este lugar que no sea removida» (Mateo 24:2).

Y además advirtió:

> «Cuando veáis a Jerusalén rodeada de ejércitos, sabed entonces que su destrucción habrá llegado» (Lucas 21:20-24).

A todo esto, no dejemos de observar que el príncipe que ha de venir al que hizo referencia Daniel, el que ha de entrar en escena en Jerusalén con gravital preponderancia, pertenece a ese pueblo, a Roma; pero, al presente, evidentemente todavía no vino.

> «Y su fin será con inundación, y hasta el fin de la guerra durarán las devastaciones» (Daniel 9:26*c*).

A partir de entonces, a partir del año 70 de nuestra era, diversos ejércitos y pueblos arrasaron y usurparon a Jerusalén como si fueran inundaciones, llegando a ella en distintas épocas y oportunidades a través de los siglos. Romanos, musulmanes, cruzados, turcos otomanos, británicos, en un largo historial de veinte siglos de dominio de poderes gentiles sobre la ciudad escogida por Dios, que culminará recién al fin de la última guerra (Zacarías 14:1-3) con el regreso personal del Mesías en gloria y poder (Zacarías 14:3-9).

> «Y por otra semana confirmará el pacto con muchos; a la mitad de la semana hará cesar el sacrificio y la ofrenda. Después con la muchedumbre de las abominaciones vendrá el desolador, hasta que venga la consumación, y lo que está determinado se derrame sobre el desolador» (Daniel 9:27).

Aquí tenemos la última de las setenta semanas de la profecía que estamos considerando. Gabriel había dividido el bloque de las setenta semanas en tres segmentos, de siete semanas, luego sesenta y dos semanas, y finalmente una semana más. Obviamente, y como ya lo hemos explicado, al referirnos a esta *semana* final nos estamos refiriendo a siete años de trescientos sesenta días cada uno, semana que será dividida en dos mitades, y que cada una de esas mitades constará de cuarenta y dos meses o sea 1260 días, como en varios capítulos de Daniel y de Apocalipsis ya hemos observado.

Esta semana obviamente corresponde aún al futuro. ¿Cuándo comenzará? Dios no nos deja sin elementos para entender e interpretar la profecía. No conocemos la fecha en que tendrá inicio, pero esta última semana profética comenzará cuando el príncipe que ha de surgir de la última forma del Imperio romano, confirme un pacto con muchos. El día en que logre imponer ese pacto con muchos será el día marcado para el inicio de los últimos siete años. Recuerda que el centro de este panorama profético es el pueblo judío, Jerusalén y el templo, y que al personaje que logrará ese pacto la palabra de Dios lo anuncia como el anticristo.

El pacto será con *muchos*. Hoy comprendemos que involucrará a palestinos, musulmanes, católicos, judíos, Naciones Unidas y al resto del mundo. Este pacto habilitará a los judíos a reiniciar sus sacrificios y ofrendas en el templo que construirán en los días previos con el poderoso aval de este personaje siniestro.

Pero a la mitad de esa semana ese príncipe falso hará cesar el sacrificio y la ofrenda, traicionará a los judíos, se proclamará dios en el mismo templo, se transformará en un desolador para ellos y los perseguirá como nunca fueron perseguidos. Pero el plazo de esa persecución está limitado; el Señor Jesucristo regresará en gloria y lo que está determinado caerá en justicia y destrucción sobre el anticristo.

El Señor Jesucristo retornará a Jerusalén y al templo, al terminar el plazo de las setenta semanas, y cumplirá las seis bendiciones de Dios anunciadas en esta profecía al dar comienzo a su reino Mesiánico sobre la tierra. Será el reino de la Roca de Daniel 2, el reino del Hijo del Hombre de Daniel 7, desde entonces y para siempre. Habrá terminado entonces el tiempo de los gentiles sobre Jerusalén, y desde ese momento reinará sobre ella el Hijo de David para siempre.

Escritores y libros que presentan y avalan este mismo enfoque sobre la interpretación de la profecía de las setenta semanas de Daniel:

- Carballosa, Evis. *Daniel y el Reino Mesiánico*, p. 215.
- Chafer, Lewis Sperry. *Teología Sistemática*, Tomo II, pp. 343-344.
- Pentecost, Dwight. *Eventos del Porvenir*, pp. 184, 188, 190.
- Pentecost, Dwigth. *The Bible Knowledge Commentary*, pp. 1362-1365.
- Pentecost, Dwigth. *Words and Works of Jesus Christ*, pp. 373-377.
- McDowell, Josh. *Evidencia que exige un veredicto*, pp. 172-175.
- Hunt, Dave. *Una mujer cabalga la bestia*, pp. 29-36.
- Hunt, Dave. *In Defense of the Faith*, pp. 100-102.
- Hunt, Dave. *How close are we?*, pp. 141-177.
- Whitcomb, John. *Daniel*, pp. 145-146.
- Walvoord, John. *Daniel, The key to prophetic revelation*, pp. 216-237.
- Walvoord, John. *Todas las profecías de la Biblia*, pp. 268-287.

CAPÍTULO 12

AQUEL DÍA CRUCIAL Y LOS DIFERENTES HORARIOS

¿Cómo fueron los horarios de los distintos acontecimientos de aquel día? Nos referimos al día de la crucifixión, muerte y sepultura del Señor Jesucristo.

Al respecto, Josh McDowell[4] nos dice:

> «Sabemos con seguridad, por Plutarco, Plinio, Aulo Gelio y Macrobio, que los romanos calculaban el día civil de medianoche a medianoche, así como lo hacemos hoy en día».

De modo que, el apóstol Juan, en Juan 19:13-16, utilizando el sistema horario romano, nos hace saber que Poncio Pilato entregó al Señor para que fuese crucificado, poco después de las seis de la mañana.

> «Entonces Pilato, oyendo esto, llevó fuera a Jesús, y se sentó en el tribunal en el lugar llamado el

---

4   McDowell, Josh. *Respuestas a preguntas difíciles*, p. 58.

Enlosado, y en hebreo Gábata. Era la víspera de la pascua, y como la hora sexta. Entonces dijo a los judíos: ¡He aquí vuestro Rey! Pero ellos gritaron: ¡Fuera, fuera, crucifícale! Pilato les dijo: ¿a vuestro Rey he de crucificar? Respondieron los principales sacerdotes: ¡no tenemos más Rey que César! Así que entonces lo entregó a ellos para que fuese crucificado. Tomaron, pues, a Jesús, y le llevaron» (Juan 19:13-16).

Por otro lado, para los judíos el día terminaba (y comenzaba otro) al atardecer, como a las dieciocho horas en Latinoamérica. Los judíos dividían la noche en cuatro vigilias de tres horas cada una. Y además, para ellos el día de luz solar constaba de doce horas laborales (Mateo 20:1-13). Los judíos contaban doce horas desde el amanecer al atardecer, o sea, aproximadamente desde las seis de la mañana hasta las seis de la tarde.

De modo que, claramente entendemos que Marcos utilizó el sistema horario judío en Marcos 15:25, 33-37, para informarnos que crucificaron al Señor a las nueve de la mañana, que a partir de las doce del mediodía hubo tinieblas sobre Jerusalén, y que el Señor murió como a las tres de la tarde. El mismo informe nos presentan Mateo, en Mateo 27:45-50, y Lucas en Lucas 23:44.

«Era la hora tercera cuando le crucificaron» (Marcos 15:25).

«Cuando vino la hora sexta, hubo tinieblas sobre toda la tierra hasta la hora novena. Y a la hora novena Jesús clamó a gran voz, diciendo: Eloi, Eloi, ¿lama sabactani? que traducido es: Dios mío, Dios mío, ¿por qué me has desamparado? Y algunos de los que estaban allí decían, al oírlo: mirad, llama a Elías. Y corrió uno, y empapando una esponja en vinagre, y poniéndola en una caña, le dio a beber, diciendo: dejad, veamos si viene Elías a bajarle. Mas Jesús, dando una gran voz, expiró» (Marcos 15:33-37).

Siguiendo la secuencia de aquel día, observamos que el cuerpo del Señor fue sepultado al atardecer, cuando terminaba el día desde el punto de vista judío, cerca de las seis horas del atardecer del día 14 de *Aviv*. Los discípulos, José y Nicodemo deben haber corrido la piedra y cerrado el sepulcro justo al término del día, es decir, cuando comenzaba el día del reposo solemne del 15 de *Aviv* (Juan 19:31-42; Lucas 23:54).

«Entonces los judíos, por cuanto era la víspera de la pascua, a fin de que los cuerpos no quedasen en la cruz en el día de reposo (pues aquel día de reposo era de gran solemnidad), rogaron a Pilato que se les quebrasen las piernas, y fuesen quitados de allí. Vinieron, pues, los soldados, y quebraron las piernas al primero, y asimismo al otro que había sido crucificado con él. Más cuando llegaron a Jesús, como le vieron ya muerto, no le quebraron las piernas. Pero uno de los soldados le abrió el costado con una lanza, y al instante salió sangre y agua. Y el que lo vio da testimonio, y su testimonio es verdadero; y él sabe que dice verdad, para que vosotros también creáis. Porque estas cosas sucedieron para que se cumpliese la Escritura: No será quebrado hueso suyo. Y también otra Escritura dice: Mirarán al que traspasaron. Después de todo esto, José de Arimatea, que era discípulo de Jesús, pero secretamente por miedo de los judíos, rogó a Pilato que le permitiese llevarse el cuerpo de Jesús; y Pilato se lo concedió. Entonces vino, y se llevó el cuerpo de Jesús. También Nicodemo, el que antes había visitado a Jesús de noche, vino trayendo un compuesto de mirra y de áloes, como cien libras. Tomaron, pues, el cuerpo de Jesús, y lo envolvieron en lienzos con especias aromáticas, según es costumbre sepultar entre los judíos. Y en el lugar donde había sido crucificado, había un huerto, y en el huerto un sepulcro nuevo, en el cual aún no había sido puesto ninguno. Allí, pues, por causa de la preparación de la pascua de los judíos, y porque aquel sepulcro estaba cerca, pusieron a Jesús» (Juan 19:31-42).

De modo que Juan, al escribir su evangelio, utilizó el sistema horario romano. Y por otro lado, Mateo, Marcos y Lucas, al escribir sus libros utilizaron el sistema horario judío. No hubo ninguna contradicción entre ellos y no hay discrepancias en ninguno de los horarios registrados.

¡Qué jornada aquella! Memorable en la historia de Jerusalén y de la humanidad toda. Al amanecer, el creador mansamente cargó sobre su cabeza las espinas de su propia maldición sobre la tierra. Al rato, saliendo de la ciudad, fue el Hijo de Abraham cargando el madero. Iban juntos y al final el Padre lo desamparó para cargar sobre él el pecado de todos nosotros. En el lugar indicado, fue Cordero atado y trabado en espinas, inmolado por nuestros pecados. El Padre confió que él, en su integridad y fortaleza, podía llevar a cabo tan extrema misión. Y así fue; consumado fue.

CAPÍTULO 13

AQUELLA SEMANA CONFORME A LAS ESCRITURAS

¿Cómo fue realmente aquella semana de pascuas y panes sin levadura en la que el Señor fue crucificado en Jerusalén? ¿Cómo fue la secuencia de los días? ¿Tenemos suficientes datos bíblicos como para esclarecer el tema? Personalmente, creo que Dios nos ha dado suficientes datos en su palabra como para esclarecer el tema y comprender la secuencia de los días de aquella semana tan especial.

Sin lugar a dudas, los escritores de los cuatros Evangelios nos informan que el Señor Jesús murió en la pascua de los judíos. Además, el Señor había dicho que estaría sepultado tres días y tres noches (Mateo 12:39-40; 16:4). Y observando Jonás 1:17, no cabe duda que serían tres días y tres noches.

Por otro lado, Pablo nos dice que el Señor resucitó al tercer día *conforme a las Escrituras* (1 Corintios 15:4), y eso coincide con lo que decían los discípulos camino a Emaús (Lucas 24:21), avanzada la tarde del domingo.

Sin embargo, en ningún lugar la palabra profética del Antiguo Testamento anunciaba de manera específica esos tres días. Por supuesto que anunciaba su muerte, su sepultura y su resurrección (Salmo 16), incluso antes de que su cuerpo viera corrupción; pero en ningún lugar anunciaba esos tres días específicamente.

No obstante, sucedió al tercer día conforme a las Escrituras; según la forma, es decir, en el marco escritural donde encajan todos los anuncios de manera exacta.

Cronología de aquellos días

Cuando en la semana previa los judíos comenzaban a prepararse para la fiesta de la pascua, el Señor vino a Betania.

«Seis días antes de la pascua, vino Jesús a Betania» (Juan 11:55–12:1).

Vino el día *viernes 8 de Aviv*.

Allí le hicieron un agasajo y cenó en la casa de Simón, cena de *Shabát*, y seguramente durmió allí esa noche (Juan 12:1-12). Para nosotros esa sería la noche del viernes, pero para ellos, desde las seis de la tarde ya era *sábado 9 de Aviv*. De modo que descansó allí ese día sábado y evidentemente durmió allí también en la noche del sábado.

Al día siguiente, fue su entrada en Jerusalén montado en un asnito (Juan 12:12-16). Fue el *domingo 10 de Aviv* en la mañana, primer día hábil de la semana judía.

Como Cordero tuvo cinco días de exposición pública (desde el domingo al jueves inclusive). Fue terriblemente probado en todo y demostró ser intachable en cada aspecto de su persona hasta su último aliento al morir en la cruz.

Murió el *jueves 14 de Aviv*, como a las tres de la tarde (Marcos 15:34). Al momento del sacrificio del cordero de pascuas.

El *viernes 15 de Aviv* fue el reposo solemne anual (Éxodo 12:14-20; Levítico 23:6-7; Juan 19:31).

El *sábado 16 de Aviv* lógicamente fue el habitual reposo semanal.

El Señor resucitó temprano en la mañana del *domingo 17 de Aviv*, primer día hábil de la semana judía, después de los sábados (en Mateo 28:1, en griego está en plural). Es decir, resucitó temprano en la mañana del domingo, luego de los dos reposos consecutivos que aquel año cayeron de ese modo en el calendario judío.

Al avanzar la tarde de ese domingo seguía siendo el tercer día desde su crucifixión y muerte, y así lo comentaron los discípulos camino a Emaús (Lucas 24:21).

Aquella fue una semana única y perfecta. Se amoldó de manera exacta a los días anunciados a Moisés (Éxodo 12) al día revelado a Daniel (Daniel 9), a los días marcados para las fiestas levíticas (Levítico 23) y a los días que el Señor les dio como señal a sus antagonistas con la señal de Jonás (Mateo 12).

Sólo Dios podría haber planeado algo así y sólo él lo pudo ejecutar. Fue *conforme a las Escrituras*, y para su admiración y gloria.

CAPÍTULO 14

POR MONTES Y ALTARES, LA EJECUCIÓN DEL PLAN PERFECTO

Como considerábamos al principio de este libro, ahora mejor que nunca podemos afirmarlo: las profecías bíblicas del Cordero de Dios desde Génesis hasta Apocalipsis son las más relevantes de la Biblia. El Cordero de Dios murió en tiempo, lugar y forma exactamente anunciados. Su actitud fue exacta e impecable, fue quitado de en medio por encarcelamiento y por juicio injusto, por *la rebelión de mi pueblo*, como dijo Isaías, fue llevado al matadero y *Jehová cargó en él el pecado de todos nosotros* (Isaías 53:6).

Además, si alguno objeta que no tenemos demasiados datos como para fechar exactamente los 173.880 días para llegar a los días exactos de su ejecución; ese alguien y todos, deben y debemos reconocer que no cabe la más mínima duda que:

• Jesús el Mesías murió antes de la destrucción del segundo templo, anunciado en Daniel 9.

- Jesús murió como Cordero, justamente al tiempo de la pascua, en Jerusalén, así lo atestiguan todos los registros históricos.

Del mismo modo, a muchos les puede parecer irrelevante tratar de determinar el lugar exacto donde fue crucificado el Cordero de Dios, el Señor Jesucristo. De hecho todos estamos de acuerdo en que al morir crucificado en las afueras de Jerusalén, aún sin precisar la ubicación del predio mismo donde murió, eso ya cumplió para nosotros de manera satisfactoriamente exacta los anuncios de Génesis 22. Con veinte siglos de anticipación, Abraham supo y publicó que Dios se iba a proveer de Cordero en aquella zona geográfica, desde siglos llamada la tierra de Moriah; sobre uno de sus montes sería provisto, y así lo hizo Dios.

Habiendo sido hecha capital de su reino por el rey David en 2 Samuel 5, y luego de una extraordinaria historia de treinta siglos, hasta el día de hoy en esa pequeña área geográfica está edificada la antigua Jerusalén. Todavía subsiste aquella pequeña y vieja ciudad escogida por Dios, en aquel espacio geográfico que ocupan de manera central tres pequeños montes: el monte Sión, el monte Moriah y el monte de los Olivos, tres pequeñas colinas separadas por pocas cuadras entre sí.

Ahora bien, tratando a toda costa de evitar caer en errores y en discusiones indeseables, ¿podemos investigar el tema y encontrar indicios que nos lleven a tener una mejor precisión acerca del lugar exacto de la crucifixión del Señor Jesús en las afueras de

Jerusalén? Sí, podemos, y creo que haciéndolo de manera prolija y seria descubriremos mensajes y detalles más profundos de aquella obra maestra de Dios: la provisión de su Cordero para Israel y para el mundo.

Datos concretos del sitio de la crucifixión

No tenemos en los evangelios todos los datos necesarios para llegar a una conclusión rotunda en este tema; por lo tanto, nadie puede hoy estar seguro de la ubicación exacta en las afueras de Jerusalén donde el Señor Jesús fue crucificado. Sin dudas, el lugar fue conocido específicamente y el mensaje fue muy claro para los primeros miles de judíos creyentes de Jerusalén, como así también para los escritores del Nuevo Testamento, pero no para nosotros hoy.

Parece que Dios no quiso dejarnos todos los datos históricos y geográficos, pero creo que él quiere que investiguemos sobre los datos fehacientes que actualmente tenemos. Y al fin y al cabo, llegar a una u otra conclusión será en parte considerando datos objetivos y concretos que tenemos, y en alguna medida sumándoles conjeturas, es decir, deducciones por indicios y sospechas.

Lo cierto es que Mateo 27:33, Marcos 15:22, Lucas 23:33, Juan 19:17 y sus naturales contextos nos informan que Jesús fue crucificado fuera de la ciudad de Jerusalén, en un lugar llamado: *el lugar de la calavera*. El sitio estaba cerca de la ciudad, por el hecho de que algunos que pasaban se burlaban; pasaba gente por allí o sea que era cerca de un acceso a la ciudad y también algunos estaban mirando la escena (Mateo 27:39-43), e incluso, sabemos que Simón de Cirene, que fue obligado a llevar la cruz, venía del campo en aquella mañana (Lucas 23:26).

Ahora bien, ¿por qué le llamaban *el lugar de la calavera?* Se traduce así la palabra hebrea *Gulgolet* (Gólgota transliterado al castellano), que en griego es *kranion* (calavera). Desde el latín *calvarium* derivó en inglés a *calvary* y llegó al castellano como *calvario.* No tenemos el dato concreto del porqué llamaban así a ese sitio, solo manejamos tres opciones que podrían identificar al lugar de esa manera en aquellos días:

- En primer lugar porque allí habría calaveras de otras ejecuciones. Pero eso es muy improbable, porque no se dejaban regados por el piso los cuerpos o los esqueletos o las calaveras, ni por los recaudos que los judíos tenían ni tampoco por los procedimientos romanos, según Juan 19:31-37. Además los escritores de los evangelios siempre lo dicen en singular: el lugar de *la calavera.*

- En segundo lugar algunos creen que probablemente fue porque se estima que el marco natural del sitio tendría forma de calavera, cuestión que trataremos enseguida y no parece haber sido así en los tiempos del Señor Jesús; el llamado calvario de Gordon parece ser un escenario más reciente, algo como de estos últimos tres siglos.

- Y en tercer lugar, parece ser que lo llamaban el lugar de la calavera por una antigua tradición judía que decía que en ese sitio había sido depositada la calavera de Adán, alternativa que de todos modos no resuelve nuestra búsqueda porque ciertamente no nos aporta la información acerca de la localización de ese sitio.

Estimaciones actuales del sitio de la crucifixión

Ante todo, debe quedar bien en claro para el lector que no conoce los lugares, que los distintos sitios estimativos de la crucifixión del Señor Jesús están fuera de los muros antiguos de la ciudad de Jerusalén y que se distancian uno de otros sólo por pocas cuadras. Uno al oeste de la vieja ciudad, otro al norte y otro al este.

El primer sitio estimativo de la crucifixión de Jesús corresponde a las investigaciones y construcciones de Elena, la madre del emperador romano Constantino. Ellos dijeron convertirse a Cristo y ella fue a Jerusalén procurando encontrar el sitio mismo donde se había levantado la cruz. Con algunos indicios y versiones creyó encontrar el lugar en la zona noroeste, donde construyeron desde el año 326 al 335 d.C. la Basílica del Santo Sepulcro, la cual pasando por siglos de deterioros, destrucciones y restauraciones, perdura hasta el día de hoy.

Por siglos y hasta en la actualidad, católicos y ortodoxos peregrinan hasta la iglesia del Santo Sepulcro, dentro de la cual ellos indican supuestamente tanto el lugar de la crucifixión como el lugar de la sepultura de Jesús. Saliendo de las cercanías de donde estaba la fortaleza la Antonia (y asumiendo que allí Pilato juzgó al Señor), en la esquina noroeste del templo de

Herodes, encaminan sus *vía crucis* por la supuesta vía dolorosa hacia el oeste, hasta llegar a dicha iglesia, que se presume que estaba fuera de los muros en aquellos días.

El segundo sitio estimativo de la crucifixión del Señor Jesús fue sugerido en primera instancia por el teólogo alemán Otto Thenius en 1842. Él propuso la idea de que una pequeña saliente rocosa con aspecto de calavera cerca de la puerta de Damasco podría haber sido el lugar de la crucifixión de Jesús. En 1883 el general británico Charles Gordon publicó ideas similares. En 1892 se hicieron colectas públicas en Londres y de ese modo creyentes ingleses adquirieron el lugar que hoy está administrado por piadosos hermanos responsables trabajando en la Asociación del Jardín de la Tumba, allí en Jerusalén.[5] Incluso, a ese lugar hizo referencia Alfred Edersheim.[6]

Ubicado a tan sólo unas tres cuadras afuera de la puerta de Damasco, zona norte del muro de la ciudad, ese montículo rocoso de unos 15 o 20 m de altura refuerza la conjetura en la forma visible de una desgastada calavera, en la presencia de una tumba cercana cavada en roca con su carril para desplazar la roca que hacía de puerta, y en el hallazgo en el jardín de una prensa de uvas y una de las cisternas más grande de aquellas épocas. De modo que, aunque no fuese el verdadero emplazamiento de la crucifixión y sepultura del Señor Jesús, no obstante el lugar nos

---

[5] www.gardentomb.org

[6] Edersheim, Alfred. *La vida y los tiempos de Jesús el Mesías*, Tomo II, pp. 540-541.

ilustra muchísimo en cuanto a costumbres y detalles de propiedades y tumbas de hombres ricos de aquel entonces, tal como sucedió en la sepultura del Señor Jesús, según los evangelios.

Pero en tercer lugar, el sitio verdadero e histórico de la crucifixión podría haber sido otro lugar cercano, por supuesto fuera del muro y fuera de una de las puertas de Jerusalén. Por años otros hombres han pensado y elaborado una tercer alternativa, muy interesante y viable. Pero esta no fue ubicada por indicios materiales ni arqueológicos sino solamente por observaciones históricas y bíblicas. La búsqueda del verdadero lugar, o el que parece más probable, se puede decir de antemano que nos ayudará incluso a dimensionar de mejor manera el hecho de que el Cordero fue preparado desde antes de la fundación del mundo (1 Pedro 1:18-20), fue anunciado desde el principio, y fue inmolado en tiempo y lugar exacto. El sitio estaría, o habría estado, en la ladera del monte de los Olivos, frente a la puerta oriental.

Observando los lugares, meditando en las Escrituras e informándonos

En su momento, hemos mencionado en este libro que el primer cordero sacrificado que se menciona en las Escrituras es el que ofrendó Abel en Génesis 4. Evidentemente, Abel y Caín se presentaron delante de Dios y deben haber ofrecido sus ofrendas en un altar levantado para tal fin delante de la presencia de Dios. A todo esto, es interesante informarse que los actuales judíos ortodoxos de Jerusalén estiman que Dios creó a Adán en el monte Moriah. No necesitamos ir muy lejos ni profundizar en sus escritos, pues los judíos de la organización The Western Wall Heritage Foundation publican en grandes carteles en el muro de los lamentos que a escasos metros de allí, Dios creó a Adán del polvo de la tierra. Además, ellos afirman que el manantial de Guijón que está a pocas cuadras de allí, abastecía de aguas frescas al Edén y que era el sitio de división y origen de los ríos que se mencionan en Génesis 2:7-14. Ahora bien, Génesis 3 nos informa que Dios, a causa del pecado, expulsó a Adán y a Eva del jardín, y se aseguró que no pudieran regresar ubicando querubines y una espada encendida al oriente, donde evidentemente quedó establecido como un portal de acceso custodiado por querubines. Incluso, como dijimos, parece que Dios sacrificó animales para cubrirlos a ellos con sus pieles. Andando el tiempo, parece también que Dios instruyó a Adán y a su familia acerca de la forma de acercarse a él, ante el acceso al jardín al oriente, incluso con la ofrenda que requería. Si todas estas especulaciones basadas sobre muy escuetos datos de Génesis 3 y 4 son viables, ellos deben haber colocado su altar en lo que hoy son las afueras de la puerta oriental de Jerusalén, hacia lo que hoy es el valle del Cedrón y enseguida el monte de los Olivos.

Ahora bien, andando el tiempo y por la misma zona, y sin que antes siquiera se le cruzara por la cabeza, ante el pedido de Dios Abraham levantó su altar para sacrificar a Isaac su hijo. Génesis 22 nos informa que por tres días caminó desde Beersheva y llegó con su hijo y sus siervos a las cercanías del lugar;

lo más lógico de suponer es que viniendo desde el sur hallan llegado y descansado al borde del manantial de Guijón. Habían llegado a la tierra de Moriah, y Abraham se apresuraba por sacrificar a su hijo sobre uno de los montes que Dios le iba a indicar. Tanto los judíos como los musulmanes están absolutamente convencidos que desde allí caminó subiendo la cuesta, y preparó su altar sobre el monte Moriah para sacrificar a su hijo. No obstante, cabe la posibilidad, que sin que quedara registrado en las Escrituras Dios le haya indicado a Abraham que sacrificara a Isaac en la ladera ascendiendo al monte de los Olivos. En tal caso, y queda claro que es una conjetura, Abraham habría edificado su altar en las inmediaciones del mismo lugar en que siglos atrás Abel edificara el suyo.

De todas maneras, si Abraham intentó sacrificar a su hijo en el monte Moriah, como todo parece indicarlo, eso está a pocos metros de distancia, pero debemos resignarnos por ahora y dejar en suspenso otros detalles más precisos, aunque podemos asegurar que Abraham supo y entendió mucho más al respecto que nosotros, pues a nosotros no nos fue específicamente revelado. Es que según las palabras del mismo Señor Jesucristo:

«Abraham vuestro padre se gozó de que había de ver mi día, y lo vio, y se gozó» (Juan 8:56).

Ciertamente no sabemos si Abraham lo vio a partir de razonar y meditar en lo que vivió en Génesis 22, o si literalmente vio más en alguna visión de Dios. Pero parece seguro que allí, él supo mucho más de lo que ha quedado registrado para nosotros.

Unos diez siglos después, las coordenadas de Dios cayeron de nuevo en ese mismo lugar para marcar otro altar, el que desde el modelo del tabernáculo de Moisés era llamado: *El altar fuera del campamento* (Levítico 4:12; 16:27; Números 19:1-7). Es que, como ya hemos considerado en 1 Crónicas 21:1-30 y 22:1, Dios le señaló al rey David el lugar para el altar del holocausto en el monte Moriah. Y a partir de ese altar, luego trazaron pocos metros hacia el oeste para establecer el lugar santo y el santísimo, y también marcaron hacia el este, a unos mil metros, en línea recta en algún punto de la ladera del monte de los Olivos, el que mencionábamos recién, el altar fuera del campamento. Con esa configuración el rey Salomón edificó el templo y estos altares, según leemos en 2 Crónicas 3:1. De modo que el lugar santísimo era la habitación más al extremo oeste de todo el modelo del templo, allí estaba la presencia de Dios como fuego consumidor, delante de él el arca y los querubines de oro, saliendo recto hacia el este estaba el velo con querubines bordados (2 Crónicas 3:14), luego la puerta oriental y justo enfrente, como a mil metros, el altar fuera del campamento en algún punto de la ladera del monte de los Olivos.

Estudiosos nos informan que la *Mishná* menciona que ese altar en el monte de los Olivos era para quemar la vaca alazana o roja (Números 19; Hebreos 9:13) y para quemar los cuerpos de los sacrificios por el pecado, incluyendo los ofrecidos en el día del perdón tal como Levítico 16 lo estipulaba. También nos informan que desde ese altar había una calzada recta hacia el templo que algunos llamaron viaducto o puente. Aunque ciertamente no hay restos arqueológicos de dicha calzada, en El Instituto del Templo, organización judía cita en Jerusalén[7] no tienen duda de esta configuración del templo y del altar fuera del campamento. A tal punto que ellos están trabajando arduamente para reedificar el templo en el monte Moriah, muy pronto y con la misma configuración, con un altar limpio fuera del campamento y delante de Jehová, un altar limpio donde quemar los restos de los animales entregados en sacrificio y donde quemar la vaca roja para obtener otra vez las cenizas para las aguas de la purificación; altar limpio que de nuevo ellos van a ubicar en algún punto en línea recta sobre la ladera del monte de los Olivos.

Además, no cabe duda que el escritor a los hebreos creyentes se refería a ese altar cuando escribió:

«No os dejéis llevar de doctrinas diversas y extrañas; porque buena cosa es afirmar el corazón con la gracia, no con viandas, que nunca aprovecharon a los que se han ocupado de ellas. *Tenemos un altar*, del cual no tienen derecho de comer los que sirven al tabernáculo. Porque los cuerpos de aquellos animales cuya sangre es introducida en el santuario por el sumo sacerdote, son quemados *fuera del campamento*. Por lo cual también Jesús, para santificar al pueblo mediante su propia sangre, padeció *fuera de la puerta*. Salgamos, pues, a él, fuera del campamento, llevando su vituperio; porque no tenemos aquí ciudad permanente, sino

---

[7]   www.templeinstitute.org

que buscamos la porvenir. Así que, ofrezcamos siempre a Dios, por medio de él, sacrificio de alabanza, es decir, fruto de labios que confiesan su nombre. Y de hacer bien y de la ayuda mutua no os olvidéis; porque de tales sacrificios se agrada Dios» (Hebreos 13:9-16).

Ahora bien, es muy claro que el escritor les escribe así no para hacerles saber dónde el Señor Jesús fue crucificado, sino a causa de que ellos lo sabían muy bien. Al decir *tenemos un altar* hace propio y nuestro ese lugar fuera del campamento y fuera de *la puerta*; y al decir que allí el Señor derramó su sangre (sangre que habla mejor que la de Abel según Hebreos 12:24) para santificar a su pueblo está recordándoles el sitio donde fue crucificado, para que salgan hacia él y se desprendan de las tradiciones del templo y el judaísmo que no creyó en el Mesías.

Por otro lado, se infiere que los romanos crucificaban sus reos en las cercanías de ese altar en el monte de los Olivos, tal vez unos pocos metros a derecha o izquierda o subiendo un poco más por la ladera. De modo que su crucifixión en ese lugar fue en línea recta delante de la puerta, delante de los querubines y delante de Jehová.

Perfectamente relacionado a Mateo 27:51 donde el apóstol nos informa que al momento de su muerte el velo del templo se rasgó en dos, de arriba a abajo; y el escritor a los Hebreos nos dice que quedó abierto nuestro acceso al cielo por el camino nuevo y vivo que él nos abrió a través del velo, esto es, de su propia carne (Hebreos 10:19-25).

Así que Dios se proveyó de su Cordero en el lugar que le indicó a Abel delante de querubines vivientes, en el lugar que le indicó a Abraham, y en el lugar que previamente le mostró a Moisés por la ubicación del altar fuera del campamento y fuera de la puerta, la única del tabernáculo, la que miraba al oriente. Donde el Cordero murió fue el lugar de sacrificio delante de los querubines del velo que protegían la entrada, velo que se rasgó al morir el Señor Jesús y abrió la entrada hacia la presencia del Padre.

En resumen y en conclusión

Los católicos romanos y los ortodoxos creen que la crucifixión fue en el lado oeste de la ciudad, donde Elena, varios siglos atrás, edificó la iglesia del Santo Sepulcro, y allí van con sus *vía crucis* y peregrinaciones. Por su parte, protestantes y evangélicos en general han encontrado en el Calvario de Gordon una mejor posibilidad y allí dirigen sus visitas y contemplaciones. Pero personalmente creo, sin poder ser categórico en lo que digo, que el lugar más probable de la crucifixión del Señor Jesús fue en la ladera del monte de los Olivos, justo delante de Jehová, recto en dirección a la puerta oriental y los querubines del velo, recto hacia el arca y los querubines de oro.

Es que por esa área Abel preparó su altar, delante de querubines vivientes. A pocos metros de allí Abraham también preparó su altar para Isaac. Eso es en las mismas inmediaciones del altar fuera del campamento, según el modelo del tabernáculo de Moisés y el templo que luego fue instalado allí. E incluso, ese fue sitio aledaño a Getsemaní, lugar en que el Señor aquella noche se distanció de sus discípulos a tiro de piedra para orar, agonizar, asumir su misión y cargar nuestros pecados (Lucas 22:39-46).

El que les había dicho: *Yo soy el camino*, al morir en la cruz les abrió y nos abrió la entrada, no ya hacia la maqueta o el modelo del templo copiado del cielo que lo prefiguraba, sino hacia el cielo mismo y hacia el Padre. La maqueta, es decir, el tabernáculo y luego el templo, ese modelo copiado del cielo, lo prefiguraba; mas el Señor entró en el cielo mismo como se explica por varios capítulos en la epístola a los Hebreos.

Días después de haber resucitado, el Señor Jesús fue ascendido al cielo desde el mismo monte de los Olivos (Hechos 1). Fue digno de entrar en los cielos, y lo fue por su impecable persona y proceder, y por el poder de su vida indestructible (Hebreos 7:11-28). El Padre lo exaltó hasta lo sumo, lo sentó a su diestra y lo declaró sumo sacerdote según el orden de Melquisedec de acuerdo al Salmo 110. Desde allá regresará en gloria y poder al mismo monte de los Olivos, según Zacarías 14, para ser el Rey de reyes sobre toda la tierra.

Si el pueblo antiguo se inclinó y adoró, ¡Cuánto más nosotros debemos hacerlo! Gloria sea a Dios y a su Cordero, **El Cordero Admirable**.

BIBLIOGRAFÍA

Anderson Sir, Robert. *El Príncipe que ha de venir.* (1980). Editorial Clie.

Barclay, William. *Palabras griegas del Nuevo Testamento.* (1997). Editorial Clie.

Benware, Paul N. *Entienda la profecía de los últimos tiempos.* (2001). Moody Publisher.

Biblia de Estudio de C. I. Scofield. (2015). Editorial Portavoz.

Biblia de Estudio de Charles Ryrie. (2000). Grupo Nelson.

Biblia de Estudio de la Profecía. (1999). Tim La Haye. Editorial Portavoz.

Biblia Nueva Versión Internacional. (2015). Holman Bible Publisher.

Biblia Reina Valera 1960. (2000). Holman Bible Publisher.

Biblia Textual. (2008). Sociedad Bíblica Iberoamericana.

Ecob, John R. *Lo básico de la profecía Bíblica.* (1997). Editorial Portavoz.

Edersheim, Alfred. *La vida y los tiempos de Jesús el Mesías.* (1998). Editorial Clie.

Francis, William W. *Celebrate the Feasts of the Lord.* (1998). Salvation Army Publisher.

Glaser, Mitch. *Isaías 53, una explicación.* (2010).
Chosen People Productions.

Hunt, Dave. *Global Peace.* (1994).
Harvest House Publisher.

Hunt, Dave. *How Close Are We?* (1993).
Harvest House Publisher.

Hunt, Dave. *In Defense of the Faith.* (1998).
Harvest House Publisher.

Hunt, Dave. *Jerusalem Cup of Trembling.* (1995).
Harvest House Publisher.

Hunt, Dave. *Una mujer cabalga la bestia.* (1993).
Harvest House Publisher.

Josefo, Flavio. *Antigüedades de los judíos.* (1992).
BN Publishing.

Josefo, Flavio. *Las guerras de los judíos.* (2013).
BN Publishing.

Kasdan, Barney. *Matthew Presents Yeshua, King
Messiah.* (2011). Messianic Jewish Publishers.

Lacueva, Francisco. *Nuevo Testamento interlineal
griego-español.* (1985). Editorial Clie.

Maier, Paul L. Eusebio. *Historia de la Iglesia.* (2004).
Editorial Portavoz.

Maier, Paul L. Josefo. *Los escritos esenciales.* (1992).
Editorial Portavoz.

McDowell, Josh. *El factor de la resurrección.* (2009).
Editorial Vida.

McDowell, Josh. *Evidencia que exige un veredicto.*
(1998). Editorial Vida.

McDowell, Josh. *Evidencia que exige un veredicto II.*
(1999). Editorial Clie.

Pentecost, Dwight. *Una fe que perdura.* (1986).
Editorial Vida.

Pentecost, Dwight. *Words and Works of the Lord Jesus Christ.* (1990). Zondervan Publisher.

Price, Randall. *Guía ilustrada del Templo.* (2003). Wayne House.

Ryrie, Charles. *Teología Básica.* (1992). Brodman and Holman.

Strauss, Lehman. *The Second Person.* (1998). Brodman and Holman.

Tanaj Hebreo. (2015). Stone Edition.

Vine, W. E. *Diccionario expositivo de palabras del Antiguo y Nuevo Testamento.* (1999). Grupo Nelson.

Vine, W. E. *Expository Dictionary of New Testament Words.* (1996).

Walvoord, John. *Jesus Christ Our Lord.* (2015). Brodman and Holman.

Walvoord, John. *Every Prophecy of the Bible.* (2000). David C. Cook.

Walvoord, John. Suck, Roy. *The Bible Knowledge Commentary.* (1999). Brodman and Holman.

Whitcomb, John. *Daniel.* (1988). Editorial Portavoz.

ÍNDICE
DE PALABRAS
HEBREAS Y GRIEGAS

175

«Cristología. Comenzando desde Moisés», no es un libro más ni lleva un título casual. Es un estudio profundo de la persona del Señor Jesucristo siguiendo las pauta que él nos dejó. Una vez resucitado, el Señor Jesucristo, comenzando desde Moisés, les explicó a sus discípulos todo lo que de él decía la ley, los profetas y los salmos (Lucas 24:27 y 44). Y desde aquellas raíces y contenidos extendemos nuestro estudio de su persona por el Nuevo Testamento.

• Para edificar correctamente nuestra fe.

• Para prepararnos para presentar apología ante cualquiera que lo demande o necesite.

• Para poder anunciar las virtudes de Aquel que nos llamó desde las tinieblas a su luz admirable.

— *Dr. Raúl Ferrero*

www.semillasalaire.com.ar